WAHNFRIED

minó. Como en tantas otras obras de Wagner, también en el caso de Parsifal se contraponen dos círculos temáticos cerrados: en este caso es el mundo del grial y el reino mágico de Klingsor. De nuevo, Wagner logra caracterizar ambas esferas mediante una música totalmente distinta. Los temas del grial están basados en tritonos y su disposición crea una impresión sacra y estática, con un diatonismo puro. El mundo de Klingsor, por su parte, se matiza con un cromatismo muy fluido. Tras la abundancia de hilos conductores, masificada por el Anillo (hay unos 120), la música de Parsifal se reduce a la mínima expresión y, de nuevo, Wagner hace patente su indiscutible condición de maestro de la variación y la evolución.

En septiembre de 1882 Wagner y su familia volvieron a visitar Venecia, donde se alojaron en el Palacio Vendramin en el Canal Grande. El día 13 de febrero de 1883 sufrió un ataque cardiaco, mientras trabajaba en su escritorio. Sus restos fueron trasladados a Bayreuth, para ser enterrados en 18 de febrero en el jardín de la Villa Wahnfried.

Richard Wagner (* am 22. Mai 1813 in Leipzig, † am 13. Februar 1883 in Venedig)

Wagner steht ähnlich bestimmend am Ende des 19. Jahrhunderts wie Beethoven an dessen Anfang. Niemand, der komponieren wollte, kam an der Auseinandersetzung mit seinem Werk vorbei, jeder, der komponierte, wurde an ihm gemessen, und Komposition an sich bedeutete, den von ihm beschrittenen Weg weiter zu verfolgen oder eine gänzlich andere Richtung einzuschlagen. An Wagner schieden – und scheiden sich noch heute – die Geister: Kaum jemand hat so uneingeschränkte, glühende Bewunderung, ja Verehrung, und so vehemente Ablehnung hervorgerufen wie er, und manche Berühmtheit wandelte sich gar vom Wagnerianer zum Wagner-Hasser, beispielsweise Friedrich Nietzsche und Claude Debussy.

Seine Biographie liest sich wie ein Roman. Wechselvoll, geradezu unstet war sein Lebensweg; er wurde polizeilich verfolgt und verkehrte mit gekrönten Häuptern, er lebte gern in Saus und Braus und fast immer über seine Verhältnisse (Thomas Mann bezeichnete ihn als „Pumpgenie"), hatte Affären und arbeitete unglaublich viel an Libretti, theoretischen Schriften und musikalischen Werken. Kaum etwas in seinem Leben verlief geradeaus, aber die Realisierung seiner künstlerischen Ideen betrieb er mit einer Zielstrebigkeit und Ausdauer, die staunen lässt, und mit großem Erfolg. Er sabotierte und revolutionierte das Musikleben seiner Zeit, indem er Stücke schrieb, die sich in den vorhandenen Theatern kaum aufführen ließen – zu stark angewachsen war die Orchesterbesetzung, die Wagner vorschrieb, zu groß der für die Inszenierung notwendige technische Aufwand –, so dass der Bau eines eigenen Theaters nur folgerichtig erschien.

Von seinen Auswirkungen her – außer der Musik zu seiner Zeit und danach beeinflusste und manipulierte er ganze Scharen von Jüngern, Bildungsbürgern und vaterländischen Vereinen in ästhetischer, philosophischer, politischer und ethischer Hinsicht – darf Wagner als die Künstlerpersönlichkeit des 19. Jahrhunderts schlechthin gelten. Für die Beziehungen, die Bayreuth im Dritten Reich zum Nazi-Regime unterhielt, ist er naheliegenderweise nicht selbst verantwortlich zu machen (es war seine Schwiegertochter Winifred, die um die Aufmerksamkeit und Wertschätzung der Machthaber buhlte); dennoch kamen sie nicht von ungefähr. Wagners antisemitische Äußerungen, wie auch immer man

sie deuten und erklären mag, waren Wasser auf die Mühlen des um sich greifenden Judenhasses, die Hinwendung zu Opernstoffen, die der nordischen und deutschen Mythologie entnommen waren (inklusive Wiederbelebung des Stabreims), passte zum allgemeinen Florieren des Deutschtums, und die vielschichtige Tetralogie Der Ring des Nibelungen lässt sich als Ausdruck einer reaktionären, vernichtungssüchtigen Geschichtshaltung dechiffrieren, die der nationalsozialistischen Gesinnung durchaus entsprach.

Die musikhistorische Bedeutung Wagners freilich ist immens. Mit den Werken seiner mittleren Schaffenszeit (Der fliegende Holländer, Tannhäuser und Lohengrin) vollendete er die Tradition der Romantischen Oper, und mit seinen späteren Bühnenwerken, die er als „Musikdramen“ verstanden wissen wollte (Tristan und Isolde, Die Meistersinger von Nürnberg, dem Ring-Zyklus und Parsifal), legte er eine völlig neue Konzeption des Musiktheaters vor. Damit nicht genug: Von Tristan an erhält die Musik eine durch konsequenten Gebrauch der so genannten

Wagners Geburtshaus in Leipzig

Leitmotive eine bis dahin unerreichte Dichte; gleichzeitig entfernt sich die Wagnersche Harmonik durch Überchromatisierung und neuartige Akkordbehandlung deutlich vom System der bis dahin als verbindlich betrachteten Dur-Moll-Tonalität und gibt damit der Musik um die Wende zum 20. Jahrhundert entscheidende Impulse.

Richard Wagner kam 1813, im gleichen Jahr wie sein späterer Antipode Giuseppe Verdi, in Leipzig als jüngstes von neun Kindern des Polizeiaktuars Friedrich Wagner und seiner Frau, der Bäckerstochter Johanna (Rosine), geborene Pätz, zur Welt. Die kunstsinnige Mutter warnte zwar ihre Kinder davor, Theaterlaufbahnen einzuschlagen – dies sei gottlos –, aber vier der älteren Geschwister verschrieben sich mit Erfolg der Schauspielerei und dem Operngesang. Auch der Vater, studierter Jurist, war den Künsten, besonders der Literatur, keineswegs abhold. Er starb ein halbes Jahr nach Richards Geburt, als im Nachfeld der Schlacht von Leipzig in der Stadt der Typhus ausbrach. Im August 1814 heiratete die Witwe den Porträtmaler, Schauspieler und Dichter Ludwig Geyer, einen engen Freund ihres verstorbenen Mannes; die der Kunst zugewandte Atmosphäre im Elternhaus blieb also erhalten. Die von Friedrich Nietzsche 1888 in „Der Fall Wagner" geäußerte Vermutung, Geyer sei Wagners leiblicher Vater gewesen, lässt sich nicht beweisen. Wagner selbst schien der Vorstellung nicht abgeneigt, wählte für seine autobiographische Schrift „Mein Leben" sogar den Geier als Wappentier, verwarf den Gedanken aber später. Nach der Hochzeit zog die Familie nach Dresden um, wo Geyer arbeitete. Zu den Kindheitserinnerungen Wagners gehörten Besuche bei Carl Maria von Weber; 1873 erinnerte er sich: „Ja, wenn ich die Eindrücke der Weber'schen Sache nicht gehabt hätte, ich glaube, ich wäre nie Musiker geworden." Über seine Mutter schrieb er später: „Der sorgenvoll aufregende Umgang mit einer zahlreichen Familie ließ nicht jenen behaglichen Ton mütterlicher Familienzärtlichkeit bei ihr aufkommen; ich entsinne mich kaum je von ihr liebkost worden zu sein, wie überhaupt zärtliche Ergießungen in unsrer Familie nicht stattfanden; wogegen sich ein gewisses, hastiges, fast heftiges, lautes Wesen sehr natürlich geltend machte." Ob ein biographisches Moment, eine nicht ausreichend innige Mutterbindung, sich in Wagners weiblichen Bühnengestalten niedergeschlagen hat? „Senta, Elisabeth, Sieglinde, Brünnhilde, Isolde und Kundry – sie alle variieren den Typus der Frau, die vorbehaltlos in ihrem männlichen Partner aufgeht. Umgekehrt haben auffällig

viele männliche Personen mit ihrer Mutterbindung zu kämpfen. Das gilt ersichtlich für Siegfried und Parsifal, unterschwellig auch für Figuren wie Holländer, Tannhäuser, Lohengrin, Siegmund oder Tristan: Alle neigen dazu, Gatten- mit Mutterliebe zu verwechseln oder in ein bestehendes Eheverhältnis einzudringen" – so Martin Geck in seiner Wagner-Monographie.

Geyer starb 1821, und Wagners Lieblingsschwester Rosalie, eine erfolgreiche Schauspielerin (sie gab unter anderem das Gretchen in der ersten Leipziger Aufführung von Goethes „Faust"), sorgte für den Familienunterhalt. 1828 kehrte die Mutter mit ihren Kindern nach Leipzig zurück, und Richard, der in Dresden die Kreuzschule besucht hatte, kam ans Nikolaigymnasium. Seine obsessive Begeisterung fürs Theater, für Shakespeare, Goethe und Schiller, und für die Musik, vor allem Mozart, Beethoven und Weber, führten zu einer Vernachlässigung alles Schulischen. Wagner schrieb selbst Schauspiele (in der Tragödie Leubald, die er als Fünfzehnjäriger nach dem Vorbild der pathetischen und humoristischen Kraftsprache Shakespeares verfasste, ließ er über ein Dutzend Personen zu Tode kommen), und die Begegnung mit Beethovens Symphonien brachte ihn auf die Idee, sich selbst als Komponist zu versuchen. Nach autodidaktischen Studien nahm er vorübergehend Unterricht in Harmonielehre beim Musikdirektor Christian Gottlieb Müller. Zwei weitere Erlebnisse prägten seinen Werdegang nachhaltig. 1829 sah er die renommierte Sängerin Wilhelmine Schröder-Devrient in der Titelrolle des Beethoven'schen Fidelio; im Jahr darauf bekam er Gelegenheit, die Partitur von Beethovens Neunter Symphonie zu studieren; er fertigte eine Klavierbearbeitung des Stücks und bot sie dem Verlagshaus Schott an, das sie allerdings ablehnte. Im Juni 1830 wechselte Wagner auf die Thomasschule, und ein Jahr später schrieb er sich an der Leipziger Universität ein und bekam Kompositionsunterricht beim Thomaskantor Christian Theodor Weinlig. Als Relikte aus dieser Zeit haben sich einige Klavierwerke und Orchesterouvertüren sowie die Symphonie in C-Dur erhalten. Die akademische Bildung blieb hinter der musikalischen allerdings zurück: „Universität. Lüderlich. – Faro spielen. Schlimme, lüderliche Zeit im Sommer."

Nach dem Universitätsabschluss, es war die Zeit des Vormärz, assoziierte sich Wagner, da er sich als politischer Künstler verstand, mit einer „Junges Deutschland" genannten, revolutionären

Gruppierung, die ihre Forderung nach politischer Freiheit zwar nur in den Bereichen Kunst und Kultur laut werden ließ, trotzdem aber den Argwohn der Herrschenden auf sich zog. Als ihm einer der Aktivisten des „Jungen Deutschland“, Heinrich Laube, ein Opernlibretto zur Vertonung vorlegte, beschloss Wagner, dass nur er selbst die Texte zu seinen künftigen Opern schreiben würde (1832 hatte er es mit seinem Opernerstling, Die Hochzeit, bereits so gemacht; allerdings vernichtete er die Komposition weitgehend wieder). So hielt er es mit dem Stück Die Feen, entstanden in Würzburg, wo einer seiner Brüder ihm eine Stelle als Chordirektor verschafft hatte.

Auf einem Besuch in Teplitz im Juni 1834 entstanden Entwürfe zur dritten Oper, Das Liebesverbot nach Shakespeares Komödie „Measure for Measure“. Im Sommer des gleichen Jahres wurde Wagner Kapellmeister der fahrenden Bethmann'schen Theatertruppe. Dort lernte er die in Norddeutschland berühmte und geschätzte Schauspielerin Minna Planer kennen und verliebte sich in sie. Anfangs war sie ihm nicht gewogen, denn der brotlose junge Kapellmeister, der obendrein noch zum Schuldenmachen tendierte, bot augenscheinlich keine rechte Sicherheit. Im Grunde wünschte sie sich stabile Verhältnisse, denn als Sechzehnjährige war sie dem Charme eines Obersten der Armee erlegen und hatte eine Tochter, Natalie, geboren und vor der Welt als Kind ihrer eigenen Eltern ausgegeben.

Das Oberhaupt der Schauspieltruppe, Bethmann, drohte bankrott zu gehen. Für Wagner bedeutete dies das Aus für seine Pläne als Operndirigent, und Minna musste sich nach Engagements umsehen. Sie besuchte von Magdeburg aus zunächst Berlin, wo das ihr gemachte Angebot wenig verlockend erschien, und entschied sich dann für Königsberg. Wagner, fast außer sich vor Sehnsucht, schrieb ihr glühende, flehende Liebesbriefe; schließlich reiste er ihr im Juli 1836 nach, und im November fand in der Kirche des Vorortes Tragheim die Hochzeit statt. Die Ehe stand anfangs unter keinem guten Stern, teils, weil die finanziellen Schwierigkeiten nicht endeten, teils, weil Wagner eifersüchtig auf Minnas Beruf und ihren gesamten Umgang war; in „Mein Leben“ spricht er von widerwärtigsten Auftritten und verletzender Bitterkeit [...] in Sprache und Benehmen, so dass es nicht erstaunt, dass Minna nach wenigen Monaten zu ihren Eltern nach Dresden und in die Arme eines Verehrers mit Namen Dietrich flüchtete.

Wagner gelang es im Juli 1837, ein Engagement als Kapellmeister in Riga zu bekommen, und als er einer jüngeren Schwester Minnas eine Anstellung als Primadonna verschaffen konnte, ergriff Minna die Gelegenheit, sich mit Wagner auszusöhnen; er seinerseits „verzieh“ ihr, und im Oktober trafen die beiden Schwestern in Riga ein. Wagner vollendete die ersten beiden Akte der Oper Rienzi (eigenes Libretto nach Edward Bulwer Lyttons Roman Rienzi, the Last of the Tribunes); er erhoffte sich eine Aufführung der Oper in Paris und schrieb Briefe an den Librettisten Eugène Scribe und an Giacomo Meyerbeer, den bedeutendsten Komponisten der französischen Grand Opéra.

Die politische Dimension des Rienzi ist ein neuartiges Merkmal; sie passte zum Vormärz, denn historisch-politische Stoffe waren zu dieser Zeit gefragt.

Als der Intendant des Theaters in Riga aus dem Dienst ausschied, hatte die Leitung des Theaters nichts Eiligeres zu tun, als den unliebsamen Kapellmeister,

Minna Wagner

der sich nicht dazu hatte durchringen können, seine Arbeit wunschgemäß zu erledigen, im März 1839 vorzeitig zu entlassen. Wagner sah sich gezwungen zu fliehen, denn seine Gläubiger forderten ihr Recht. Ziel der Flucht war, nachdem Minnas anfänglicher Widerstand hatte überwunden werden können, Paris. Mit Hilfe eines Königsberger Freundes überquerten die Wagners die russische Grenze und schifften sich im ostpreußischen Pillau nach London ein. Die Reise war weit gefährlicher als erwartet; schlimmes Unwetter machte es nötig, dass das Schiff im Hafen der kleinen norwegischen Insel Boröya vor Anker ging. Als das Schiff eine Woche darauf wieder in See stach, war der Sturm sogar noch schlimmer als zuvor. Zweifellos hat das Erlebnis dieser Reise Wagner an Heines Aus den Memoiren des Herren von Schnabelewopski (1831) und die darin beschriebene Legende vom Fliegenden Holländer erinnert an den umherirrenden Verdammten, der nur durch die Treue einer ihn liebenden Frau erlöst werden kann. Nach einem kurzen Zwischenhalt in London erreichte man Boulogne-sur-Mer, wo Wagner mit Meyerbeer zusammentraf. Dieser zeigte sich entgegenkommend und freundlich und versprach, Wagner zu einer Arbeit an der Pariser Oper zu verhelfen. Als die Eheleute Wagner im September 1839 schließlich Paris erreichten, zeigte sich, dass die in Aussicht gestellte Arbeit sich auf das Einrichten beliebter Opern für Klavier und das Verfassen von Artikeln für Schlesingers Gazette musicale beschränkte; obwohl der Verdienst für ein bescheidenes Leben hätte ausreichen müssen, wuchsen die Schulden, und Wagner musste sogar eine kurze Haftstrafe in einem Schuldgefängnis verbüßen.

Der deutsche Philologe Samuel Lehrs, der ebenfalls in Paris lebte, machte Wagner auf die Legenden von Lohengrin und vom Tannhäuser auf dem Venusberg aufmerksam, und dieser verband im Geiste die Tannhäuser-Sage mit dem historischen Sängerkrieg auf der Wartburg. Vorerst aber beschäftigten ihn die Vollendung des Rienzi (Wagners Hoffnungen auf eine Aufführung in Paris wurden enttäuscht, aber in Dresden war man gern bereit, die Oper zu spielen, und dort wurde sie im Oktober 1840 uraufgeführt) und die Arbeit am Holländer; das Libretto schrieb er in nur zehn Tagen, die Komposition nahm bloße sechs Wochen in Anspruch und war im Sommer 1841 abgeschlossen. In Dresden hatte man nach dem triumphalen Erfolg des Rienzi sogleich zugesagt, auch den Holländer aufzuführen (Wagner hingegen hatte, da es ihm prestigeträchtiger erschien, auf Berlin gesetzt, aber als es 1844 tatsächlich

zu einer Aufführung kam, sah sich Wagner mit bitterböser Kritik konfrontiert). Das Stück fand Anklang, aber Wagner hatte das Gefühl, das Publikum mit seinem so gänzlich schmucklosen, dürftigen und düstren Werk, wie er es später selbstironisch ausdrückte, enttäuscht zu haben.

Nach den frühen Opern Wagners, die unterschiedliche Einflüsse verarbeiten – außer der Romantischen Oper wären dies die italienische Opera buffa, die Opéra comique und die Grand Opéra – ist der Holländer das erste von drei Werken, mit denen Wagner die Tradition der Romantischen Oper abschloss und überwand. Es gibt die gattungstypischen gesprochenen Dialoge nicht mehr, und die Tendenz zur Durchkomposition und zur Aufgabe der Nummernoper verstärkt sich (beispielsweise erweisen sich „Szene, Duett und Chor“ im ersten Akt als ausgedehnter Komplex, der über die Hälfte des Aktes einnimmt; das Duett des Holländers mit er ihn liebenden Senta im zweiten Akt stellt mit seinen 422 Takten Länge jede Nummer einer Grand Opéra in den Schatten). Die herkömmliche saubere Trennung zwischen Gut und Böse, wie man sie aus der Romantischen Oper kennt, gibt Wagner auf, und er stellt auch nicht mehr die Sphäre der „realen“ Welt einer visionär-phantastischen gegenüber, sondern verschmilzt beide miteinander. Wagner empfand sich als Genie und Außenseiter und identifizierte sich, wie aus einem Brief an Franz Liszt hervorgeht, ausdrücklich mit der Figur des Holländers, einer Gestalt übrigens, die Todessehnsucht und Zerstörungswahn in sich vereint: Aus der eigenen Unerlöstheit heraus wünscht sich der Holländer im ersten Akt den Vernichtungsschlag gegen die ganze Welt.

Das Angebot, in Dresden eine Stelle als Hofkapellmeister anzutreten, nahm Wagner im Februar 1843 nur unter Zögern und nach längerer Überredung durch die Witwe Carl Maria von Webers an, denn eigentlich war ihm Dresden zu unbedeutend. Auch Minna litt unter der Übersiedelung: „Alles widert mich an. Paris ist mir wie ein Himmel, und nur mit Tränen denke ich daran zurück“; trotz aller Entbehrungen war ihr gesellschaftliches Leben in Paris anregend und erfüllend gewesen.

Im April 1845 konnte Wagner die Partitur zum Tannhäuser fertigstellen. Die Uraufführung im Oktober fand nicht die gleiche begeisterte Aufnahme wie der Rienzi und bestätigte seinen Eindruck, dass

seine künstlerischen Absichten missverstanden wurden; bei der Pariser Inszenierung, bei der eine umgearbeitete Fassung des Stücks gegeben wurde, kam es gar zum Skandal.

Der Tannhäuser exponiert den Gegensatz zwischen sinnlicher und aufopfernder Liebe ins Zentrum, personifiziert in den Gestalten der Venus beziehungsweise der Elisabeth; Tannhäuser selbst ist gespalten zwischen hoher und niederer Minne. Dementsprechend bringt Wagners Komposition gerade den Gegensatz der Sphären von körperlicher Erfüllung und asketischer Entsagung zum Ausdruck und setzt dabei vor allem auf die Kraft des Orchesters, seine erweiterten Klangfarben und eine Fülle wiederkehrender musikalischer Motive, die die Handlung kommentieren und dem Orchesterpart eine eigene Bedeutungsschicht verleihen. Für Wagners spätere Entwicklung sind vor allem die vom Publikum wenig geschätzten Rezitative von Bedeutung: „Meine Deklamation ist zugleich Gesang, und mein Gesang Deklamation, [...] scharf im Takte und in einem dem Charakter der Rede entsprechenden Zeitmaße." Bestes Beispiel für diesen quasi-rezitativischen Stil ist Tannhäusers langes Solo im dritten Akt, die Schilderung seiner Wallfahrt nach Rom.

Das Gefühl künstlerischer Isolation prägt auch den 1848 vollendeten Lohengrin (Uraufführung war 1850 unter der Leitung Franz Liszts in Weimar). Noch in seinem letzten Lebensjahr weckte dieser Stoff, den Wagner laut Cosimas Tagebucheintrag vom 6. Januar 1883 als den allertraurigsten innerhalb seines Werks betrachtete, Schuldgefühle, da Wagner meinte, gescheitert zu sein. Er identifizierte sich mit Lohengrin und sah ihn als höheres Wesen, als den Inbegriff des absoluten Künstlers an. Dass Lohengrin am Ende als Geschlagener dahingeht, empfand Wagner als seine eigene Tragik: Erstens scheiterte der Versuch, allein durch das Gefühl rückhaltlos aufgenommen und verstanden zu werden; zweitens fand sich Wagner auch in Lohengrins Flucht aus einer Gesellschaft wieder, die politisch hätte verändert werden müssen.

Immer mehr geriet Wagner ins Umfeld der Unruhen, die Deutschland nach der Pariser Februarrevolution heimsuchten. Obwohl seine revolutionären Ideen vor allem aus zweiter Hand stammten, gewann er doch die Überzeugung, seine künstlerischen Ideale seien ohne gesellschaftli-

chen Umsturz nicht zu verwirklichen; an den Barrikadenkämpfen des Dresdner Aufstandes von 1849 war er nicht aktiv beteiligt, aber er wurde anschließend steckbrieflich gesucht und konnte sich abermals nur durch Flucht retten (wäre er in Dresden geblieben und vor Gericht gestellt worden, hätte man ihn möglicherweise mit der Todesstrafe belegt). Mit Hilfe seines guten Freundes Franz Liszt gelangte Wagner in die Schweiz und ließ sich im Juli 1849 in Zürich nieder; Minna folgte, wenn auch zögernd, später nach. Wagner besuchte Paris, um mit der Opéra Verhandlungen über ein Opernprojekt zu führen, zu dem Liszt ihn überredet hatte. In Paris verliebte er sich glühend in eine junge Verehrerin, Jessie Laussot, aber die Idee, gemeinsam gen Orient durchzubrennen, wurde schließlich doch nicht umgesetzt, und Wagner kehrte nach Zürich zurück. Liszt war es auch, der Wagner anspornte, seinen seit Dresden gehegten Plan, eine Oper mit dem Titel Siegfrieds Tod zu schreiben, zu verfolgen, und Wagner skizzierte im August 1850 die ersten beiden Szenen – halbherzig allerdings, da er fürchtete, es werde sich dafür kein geeignetes Theater finden. Im September des gleichen Jahres fasste er erstmals den Gedanken an ein eigenes Festspieltheater in Zürich.

In den Jahren um 1850 überdachte Wagner seine Leitlinien als Opernkomponist gründlich neu und verfasste eine Reihe von kunsttheoretischen Schriften, in denen sich ein Wandel ankündigte: Die Kunst und die Revolution, Das Kunstwerk der Zukunft und seine bedeutendste theoretische Abhandlung Oper und Drama (vollendet im Januar 1851), in der er die neue Gattung des Musikdramas umreißt. In der Opernkunst der Vergangenheit sei das Drama nur Mittel zur Entfaltung von Musik gewesen; nun solle die Musik in den Dienst einer neuen Dramatik treten. Wagners Ansatz zeigt einerseits sozialrevolutionäre Züge, denn das zukünftige Kunstwerk überwindet die unfreie Gesellschaft der Gegenwart. Andererseits ist er national geprägt, indem er der italienischen und französischen Oper gegen die Frontstellung der deutschen Oper setzt. Laut Wagner ist die Grundlage des Musikdramas der Mythos, von dem er sagt, dass er jederzeit wahr, und sein Inhalt, bei dichtester Gedrängtheit, für alle Zeiten unerschöpflich ist. Die Aufgabe des Dichters war es nur, ihn zu deuten. Den Mythos für die Moderne neu zu erfinden und verständlich darzustellen, sei Aufgabe des Komponisten, denn nur über die Musik könne der Mythos an das Gefühl vermittelt und somit überhaupt erlebbar werden. Darüber hinaus beschreibt Wagner einige Kompositionstechniken, die er spä-

ter in seinen Musikdramen anwandte, legt die Funktionen von Text mit Endreim und Stabreim, Gesang und Orchestermelodie dar und spricht in diesem Zusammenhang von Motiven der Ahnung und der Erinnerung.

Bis Dezember 1852 schrieb Wagner die Libretti zu Der junge Siegfried, Die Walküre und Das Rheingold und machte sich an deren Vertonung. Den Anfang machte das Rheingold. In nach eigenen Angaben somnambulem Zustand während eines Italienaufenthaltes im September 1853 hatte Wagner die geniale Idee zum endlos währenden Es-Dur-Akkord zu Beginn des Vorspiels – 136 Takte lang strömt der Rhein dahin, ist die Natur im Einklang mit sich selbst (wobei die Skizzen zeigen, dass es sich um einen mühevollen Kompositionsprozess handelte); die eigentliche Arbeit an der Oper nahm fast genau ein Jahr in Anspruch.

Obwohl Wagner als Dirigent im Musikleben Zürichs bald eine bedeutende Rolle spielte, blieb die finanzielle Situation ungesichert, und er war auf die Hilfe von Freunden angewiesen. Schließlich erklärte sich Otto Wesendonck, ein wohlhabender Seidenimporteur, bereit, ihm einen Kredit zu gewähren, der in besseren Zeiten nach und nach abzahlbar war. Wagner stürzte sich in seine Arbeit und schrieb zwischen Juni 1854 und März 1856 die Musik zur Walküre. Kurz darauf änderte er die Titel der beiden verbleibenden Opern in Siegfried und Götterdämmerung. Die Arbeit an Siegfried allerdings wurde unterbrochen durch eine heftige Affäre mit Mathilde Wesendonck. Die Liebe zu ihr hatte in ihm die Idee zu Tristan und Isolde reifen lassen; vom Spätsommer 1857 an arbeitete er fieberhaft an der Verwirklichung dieses Projekts. Er war mittlerweile ins Gartenhaus neben der Wesendonck'schen Villa auf einer Anhöhe mit Blick auf Alpen und Zürichsee umgezogen, das er gegen eine geringe Miete bewohnen konnte. Dort hielten die Wagners ein gastfreies Haus; zu ihren Gästen gehörten auch die frisch vermählten Eheleute Hans und Cosima (geborene Liszt) von Bülow. Während Wagner, inspiriert von Mathilde Wesendonck und der Lektüre von Schopenhauers „Die Welt als Wille und Vorstellung", den Tristan komponierte, vertonte er fünf Gedichte Mathildes zu den sogenannten Wesendonck-Liedern, von denen zwei, Im Treibhaus und Träume, ihm als Grundsubstanz zu einigen Passagen der Oper dienten.

Der Tristan-Stoff, dessen Konzeption, wie immer bei Wagner, umfangreiche Recherche und Lektüre voranging, basiert zu weiten Teilen auf dem mittelalterlichen Epos Gottfrieds von Straßburg, deutet ihn aber in Richtung auf die Schopenhauersche Philosophie um. Schopenhauers Grundgedanke von der Verneinung des Lebenswillens prägt Wagners Dichtung bis hin zum abschließenden Tod Tristans und Isoldes: Das Unheil der beiden Hauptfiguren wird als Prozess der Entwirklichung, Selbstvergessenheit und Bewusstseinsauslöschung von beiden selbst gewünscht. Wagner schrieb einmal an Mathilde Wesendonck: „Aber sehe ich Dein Auge, dann kann ich doch nicht mehr reden; dann wird doch alles nichtig, was ich sagen könnte! Sieh, dann ist mir alles so unbestreitbar wahr, dann bin ich meiner so sicher, wenn dieses wunderbare, heilige Auge auf mir ruht und ich mich hineinversenke! Dann gibt es eben kein Objekt und kein Subjekt mehr; da ist alles eines und einig, tiefe, unermessliche Harmonie!“ Es ist Isolde, die dies am Ende des Stückes als Werkbotschaft verkündet: Sie wird im „Liebestod“ eins mit des Welt-Atems wehendem All - ertrinken, versinken - unbewusst-höchste Lust! (Die „höchste Lust“ darf man fast wörtlich nehmen: Wenn es erotische Musik im engeren Sinne gibt, dann diese.) Was Wagner in Oper und Drama ankündigte, nämlich das Sprachvermögen des Orchesters zur Kundgebung des Unaussprechlichen zu nutzen, wird im Tristan voll realisiert: die rastlos auftauchenden, sich entwickelnden, verbindenden, trennenden, dann neu sich verschmelzenden, wachsenden, abnehmenden, endlich sich bekämpfenden, sich umschlingenden, gegenseitig fast sich verschlingenden musikalischen Motive. Wagner erreicht es, dass „diese Motive, welche um ihres bedeutenden Ausdruckes willen der ausführlichsten Harmonisation, wie der selbständigst bewegten orchestralen Behandlung bedurften, ein zwischen äußerstem Wonneverlangen und allerentschiedenster Todessehnsucht wechselndes Gefühlsleben ausdrücken, wie es bisher in keinem rein symphonischen Satze mit gleicher Kombinationsfülle entwickelt werden konnte.“ In der Tat ist die äußere Handlung des Dramas stark vereinfacht; die eigentliche Handlung findet innen statt und wird fast ausschließlich von der Musik selbst geschildert, da auch die Worte sich stellenweise auflösen und ihren Charakter als verständliche Sprache aufgeben.

Als Minna einen an Mathilde adressierten Brief Wagners in die Hände bekam, kam es zum Eklat. Minna kehrte zurück nach Dresden, Wagner ging nach Venedig und, da die sächsische Polizei ihn

beschattete und ihm keinen unbefristeten Aufenthalt gestattete, im März 1859 wieder in die Schweiz, den fertigen zweiten Akt des Tristan im Gepäck. Eine Teilamnestie ermöglichte Wagner den Versuch, in Wien Fuß zu fassen; er nahm dort eine Wohnung, hielt sich aber auch an anderen Orten auf: in Venedig, wo er sich daran machte, die lange gehegten Ideen für Die Meistersinger von Nürnberg zu realisiseren, dann in Paris, Prag, Budapest, Karlsruhe, St.Petersburg und Moskau, künstlerisch erfolgreich, aber finanziell wenig einträglich. Im Mai 1864 erreichte ihn in Stuttgart die Nachricht, der kurz zuvor gekrönte König von Bayern, der achtzehnjährige Ludwig II., wünsche ihn in München zu sehen, und Wagner folgte dem Ruf. Das sollte sein Leben grundlegend verändern.

König Ludwig war von Wagner, seinen Ideen und seiner Musik nicht nur begeistert, er vergötterte ihn. Nach seinen Angaben begann sein Leben „am Tage, da ich Lohengrin zuerst hörte“ – so äußerte er es später Cosima von Bülow gegenüber. Wagner berichtete seiner Vertrauten Mathilde Maier von der ersten Begegnung: „Sieh hier das Bild eines wundervollen Jünglings, den das Schicksal zu meinem Erlöser bestimmt. Der ist es, den wir erwarteten, der vorhanden sein musste. [...] Unser gestrige Zusammenkunft war eine große, nicht enden wollende Liebesszene. Er ist vom tiefsten Verständnisse meines Wesens u. meines Bedürfnisses. Er bietet mir Alles, was ich brauche, zum Leben, zum Schaffen, zum Aufführen meiner Werke. Nur sein Freund soll ich sein: keine Anstellung, keine Functionen.“ Es muss Wagner wie ein Märchen vorgekommen sein. Der König bot ihm 30 000 Gulden für die Fertigstellung des Ringes, beglich all seine Schulden und zahlte ihm jährlich eine feste Summe von 8 000 Gulden, zuzüglich aller nötigen Sonderaufwendungen. In die acht Jahre, in denen Wagner direkte Unterstützung von König Ludwig erhielt, fallen die Uraufführung des Tristan, Komposition und Uraufführung der Meistersinger, die Vollendung des Rings und die Konzeption des Parsifal; Wagner avancierte zu einer festen Größe des europäischen Musiklebens. Auch nachdem es zwischen Wagner und Ludwig zum persönlichen Bruch gekommen war, hörte der König nicht auf, Wagners Pläne zu finanzieren – ohne ihn wären Bayreuth und die dortigen Aufführungen des Rings und des Parsifal, die Wagner noch erlebte, nicht möglich gewesen. (Als Gegenleistung erhielt er von Wagner im Laufe der Zeit unter anderem die Autographe von Die Feen, Das Liebesverbot, Rienzi, Die Meistersinger von Nürnberg, Das Rheingold und Die Walküre sowie die Orchesterskizzen zu Teilen von Siegfried und

Götterdämmerung. All dies wurde 1939 vom Wittelsbacher Ausgleichsfonds an die Reichswirtschaftskammer abgetreten, die es wiederum Adolf Hitler zum 50. Geburtstag schenkte, so dass dieses für die Forschung unschätzbare Material bei Ende des Zweiten Weltkriegs unwiederbringlich verloren ging.)

Neben dem Beginn von Ludwigs Mäzenatentum führte noch ein weiterer Umstand 1864 zu einer glücklichen Wende in Wagners Leben zum Glück. Im Frühsommer traf Cosima von Bülow mit ihren Kindern im neuen Domizil Wagners in der Nähe von Starnberg ein, und die Beziehung zwischen Wagner und ihr würde mehr als eine bloße Affäre werden. Die Töchter Isolde und Eva, die sie im April 1865 und im Februar 1867 zur Welt brachte, waren keine Kinder ihres Ehemannes Hans von Bülow. Dieser dirigierte in den Jahren 1865 und 1868 die Premieren von Tristan und Meistersinger; zwar dämmerte ihm spätestens seit Februar 1865, wie es um seine ehelichen Verhältnisse stand, aber er hielt vorerst still.

Anders das Kabinett König Ludwigs. Es stand Wagner anfangs durchaus positiv gegenüber, musste aber bald erkennen, dass er sich für gewisse politische Belange nicht als Mittler instrumentalisieren ließ, und versuchte deswegen gezielt, ihn in Misskredit zu bringen. Seine Liebschaft mit Cosima bot sich dazu ebenso an wie die Kosten, die er der bayerischen Staatskasse verursachte (und in Zukunft verursachen würde, wenn es tatsächlich zum Bau des in München geplanten Theaters für Wagner käme). Wagner seinerseits taktierte gegen Kabinettsmitglieder und wollte in der Politik mitbestimmen. Zwischen seiner Verehrung für Wagner und der Staatsräson hin- und hergerissen, entschied sich der König schließlich für letztere und bat Wagner, Bayern vorübergehend zu verlassen. Dieser ging abermals in die Schweiz. Auf einer Reise nach Südfrankreich erreichte ihn im Januar 1866 die Nachricht, dass in Dresden Minna gestorben war.

Im gleichen Jahr mietete Wagner in der Nähe von Luzern die Villa Tribschen. Dort vollendete er im Oktober 1867 die Meistersinger; Premiere war im Juni 1868. Von der Musik begeistert, beschrieb Friedrich Nietzsche – von 1869 an besuchte der junge Philosophieprofessor Wagner regelmäßig in Tribschen – das Stück plastisch und eindringlich: „Was für Säfte und Kräfte, was für Jahreszeiten und

Himmelsstriche sind hier nicht gemischt! Das muthet uns bald altertümlich, bald fremd, herb und überjung an, das ist ebenso willkürlich als pomphaft-herkömmlich, das ist nicht selten schelmisch, noch öfter derb und grob – das hat Feuer und Mut und zugleich schlaffe, falbe Haut von Früchten, welche zu spät reif werden. Das strömt breit und voll: und plötzlich ein Augenblick unerklärlichen Zögerns, gleichsam eine Lücke, die zwischen Ursache und Wirkung aufspringt, ein Druck, der uns träumen macht, beinahe ein Alpdruck -, aber schon breitet und weitet sich wieder der alte Strom von Behagen aus, von vielfältigstem Behagen, von altem und neuem Glück, s e h r eingerechnet das Glück des Künstlers an sich selber, dessen er nicht Hehl haben will, sein erstauntes, glückliches Mitwissen um die Meisterschaft seiner hier verwendeten Mittel, neuerworbener unausgeprobter Kunstmittel.“ Die Tragik des Tristan ist hier in Lebensbejahung gewandelt, die konzentrierte Leidenschaft durch Vielfalt und Buntheit ersetzt.

Im November 1868 zog Cosima mit ihren Töchtern Isolde und Eva zu Wagner in die Villa Tribschen. Im Juni 1869 kam der gemeinsame Sohn Siegfried zur Welt; aus diesem Anlass komponierte Wagner für Cosima das Siegfried-Idyll. Bis zur Scheidung von Hans von Bülow verging noch ein gutes Jahr, und im August 1870 heiratete sie den knapp 24 Jahre älteren Wagner. Sie war ihm Muse und Ehefrau gleichermaßen; er brauchte sie und ihre aufopfernde Liebe, und sie brauchte es, gebraucht zu werden: eine intelligente, gefühlvolle, selbständige Frau, die ihm in seinen Haltlosigkeiten einen Halt gab. Überraschenderweise war es die Hochzeit Wagners mit Cosima, die den Bruch mit Ludwig II. verursachte – nach einer Zeit des Verdrängens sah der König endgültig ein, dass nicht er der mit Wagner am tiefsten verbundene Mensch war. An Wagners Werk blieb Ludwig nach wie vor interessiert, aber die Freundschaft war durchtrennt. Unter diesem Gesichtspunkt überrascht es kaum, dass der König Uraufführungen Wagnerscher Werke auch ohne Zustimmung des Komponisten anberaumte, und Wager musste es erleben, dass die Premieren des Rheingolds im Herbst 1869 und der Walküre im Juni 1870 gegen seinen Willen stattfanden.

Der Ring näherte sich seiner Vollendung, und Wagner fühlte sich in Tribschen immer unruhiger, zumal er fürchten musste, dass König Ludwig auch andere Teile daraus vorab aufführen ließ. Noch immer schwebte ihm eine Gesamt-Uraufführung der Tetralogie in einem eigenen Theater vor, und als er auf

der Suche nach einem geeigneten Ort in einer Enzyklopädie blätterte, stieß er auf Bayreuth. Im April 1871 begab er sich dorthin, um das Markgräfliche Theater in Augenschein zu nehmen; er fand es für seine Zwecke unzureichend und beschloss, ein neues Theater müsse gebaut werden. Das Frühjahr 1872 stand im Zeichen der Vorarbeiten: Umzug nach Bayreuth, Bildung eines Verwaltungsrates, feierliche Grundsteinlegung. Der Verkauf von Patronatsscheinen lief nicht so gut, wie Wagner erhofft hatte; 100 000 Taler, die König Ludwig 1874 vorstreckte, waren für den Innenausbau gedacht, und so musste Wagner, um Geld für die Finanzierung des Baus an sich zu beschaffen, auf Konzertreisen gehen. Schon 1872 hatte er an deutschen Opernhäusern nach geeigneten Sängern gesucht. 1874 kamen alle, die eine Hauptrolle übernehmen sollten, zu ersten Proben nach Bayreuth. Im gleichen Jahr bezog das Ehepaar Wagner das neugebaute Haus Wahnfried: „Hier, wo mein Wähnen Frieden fand, – Wahnfried sei dieses Haus von mir benannt“ lautet die Inschrift an diesem Prachtbau, den Ludwig finanziert hatte und dessen Unterhalt Unsummen verschlang, so dass, obwohl das Leben der Wagners ruhiger verlief, die Geldsorgen noch immer nicht aufhörten, und Wagner wurde von verschiedenen körperlichen Leiden und schlechten Träumen gequält.

Alberich: Karl Hill

1875 konnten im Festspielhaus die Vorproben mit dem 140-köpfigen Orchester beginnen, und im Sommer 1876 wurde es ernst. Auf drei Proben, bei denen der gesamte Zyklus erklang, folgte Anfang August die Generalprobe (König Ludwig war anwesend und traf zum ersten Mal nach acht Jahren wieder persönlich mit Wagner zusammen), und zwischen dem 13. und 30. August wurde der vollständige Ring insgesamt drei Mal gegeben.

Die Kontinuität von Musik und Handlung, die Einheit von Text und Musik, die Vision vom Gesamtkunstwerk, das nicht nur von Text, Handlung und Musik, sondern auch vom Szenischen und Darstellerischen getragen wird: Dies wird im Ring nicht nur realisiert, sondern in Wagners Bayreuth gleichsam überhöht. Das Festspielhaus als Krönung des Wagnerschen Einheitsgedankens erhebt das Theater zur Kunst schlechthin. Obwohl der Ring eine Fülle von Widersprüchlichkeiten, logischen Brüchen und offenen Fragen enthält, ist die Tetralogie doch insgesamt stimmig entwickelt und bleibt offen für die unterschiedlichsten Deutungen: im Sinne Bakunins als Demonstration rein anarchischer Zerstörungslust, als Verkörperung von Proudhons These, dass Eigentum Diebstahl sei, als Schopenhauersche Philosophie der Entsagung, als politisch-soziale Kritik an Kapitalismus und Industriegesellschaft, wie George Bernard Shaw es sah – all dies sind mögliche Interpretationen, und wer wollte schon behaupten, alle Rätsel, die der Ring aufgibt, gelöst zu haben?

Der Ring legt einen Mythos dar, durchmischt mit Anteilen von Parabel, Märchen und Sage, und eröffnet doch unzählige tiefe Einblicke in die menschliche Natur, ist ein Kaleidoskop von Möglichkeiten menschlichen Denkens, Fühlens und Handelns. „Und dies geschieht nicht allein mittels Text und Handlung, sondern vor allem im Medium der Musik, die uns besser als alle Worte spüren lässt, dass hier über den Welt-Sinn verhandelt werde. Die Fähigkeit der Musik, mit dem Augenblick zu versöhnen, trägt außerdem dazu bei, dass wir nicht von vornherein auf das düstere Ende des Rings starren müssen, sondern seine Glücksmomente genießen dürfen: die meerjungfernhafte Unberührbarkeit der Rheintöchter, die Pracht von Walhall, die Liebesseligkeit von Siegmund und Sieglinde, das Leiden Wotans, das Mitleiden Brünnhildes, das Kind im Manne Siegfried – und hundert anderes. Wer sich auf den Ring einlässt, wird in ihm die Unendlichkeit seiner eigenen Glücksmöglichkeiten, Sehnsüchte, Zwänge und Unerlöstheiten erleben." (Martin Geck)

Unter Wagners Anhängerschaft fand man die Produktion bedeutend, wobei nicht zu entscheiden ist, ob aus künstlerischen Gründen oder wegen der neuen Maßstäbe, die sie setzte. Finanziell erwies sie sich als nicht einträglich (das Defizit betrug knapp 150 000 Mark), und eine verbesserte Wiederaufnahme des Rings, die sich Wagner für das Folgejahr erhofft hatte, musste auf finanziellen

Gründen unterbleiben. Zwischenzeitlich fasste Wagner ernsthaft ins Auge, die Villa Wahnfried und das Festspielhaus zu verkaufen und mit der Familie in die Vereinigten Staaten zu emigrieren. Wieder half ihm Ludwig II. aus der Notlage: Im Frühjahr 1878 bewilligte er ein Darlehen, das Wagner aus dem Erlös von Aufführungen seiner Werke in bayerischen Theatern begleichen sollte.

Mittlerweile hatte Wagner bereits mit den Arbeiten an Parsifal begonnen: Das fertige Libretto lag im April 1877 vor. Die Komposition zog sich bis Anfang 1882 hin; vollendet wurde die Oper in Palermo auf einer der Italienreisen, die Wagner aufgrund seines schwachen Herzens während seiner letzten Lebensjahre immer wieder unternahm. Da er König Ludwig davon hatte überzeugen können, dass Parsifal ausschließlich im Bayreuther Festspielhaus gegeben werden solle, stellte dieser ihm den Chor und das Orchester der Münchner Hofoper zur Verfügung, so dass im Sommer 1882 sechzehn Aufführungen des Bühnenweihspiels stattfinden konnten. Die musikalische Leitung hatte der von Wagner hochgeschätzte Hermann Levi. Da Wagner im Laufe der Spielzeit das Patronatssystem abschaffte, da es sich als nicht ausreichend profitabel herausgestellt hatte, gingen die Karten in den freien Verkauf; um auch weniger wohlhabenden Interessierten die Möglichkeit zu geben, das Festspielhaus zu besuchen, rief er eine Stipendienstiftung ins Leben, die heute noch existiert. Weitere Aufführungen des Parsifal im folgenden Jahr waren gesichert.

Im Parsifal fließen zahlreiche philosophische Gedanken zusammen, und die Symbolik ist komplexer als in den übrigen Opern Wagners, obwohl die äußere Handlung sich eher einfach gestaltet. Wagner kombiniert die Legende vom Heiligen Gral mit Reflexionen über die Rolle des Leidens im menschlichen Leben, wobei das zentrale Thema wieder die Erlösung ist. Hier jedoch geschieht die Erlösung nicht durch eine liebende Frau, sondern durch einen passiven Helden, der durch Mitleid wissend wurde. Wie so oft bei Wagner, stehen auch im Parsifal zwei in sich geschlossene Themenkreise einander gegenüber: Hier sind es die Welt des Grals und das Zauberreich Klingsors. Wieder gelingt es Wagner, beide Sphären durch grundsätzlich unterschiedliche Musik klar zu charakterisieren. Die Gralsthemen basieren auf Dreiklängen und bauen sich, sakral anmutend und statisch, in reiner Diatonik auf, während die Welt Klingsors in fließender Chromatik schillert. Nach dem Überreichtum

an Leitmotiven, den der Ring entbreitet (es sind rund 120), beschränkt sich die Musik des Parsifal auf ein Mindestmaß, und Wagner erweist sich abermals als Meister des Variierens und Entwickelns.

Im September 1882 reisten Wagner und seine Familie nach Venedig, wo sie sich im Palazzo Vendramin am Canal Grande einquartierten. Am 13. Februar 1883 erlitt er dort, am Schreibtisch arbeitend, einen tödlichen Herzanfall. Sein Leichnam wurde nach Bayreuth überführt und am 18. Februar im Garten der Villa Wahnfried beigesetzt.

Richard Wagner (* May 22, 1813 in Leipzig, † February 13, 1883, in Venice)

Wagner was as decisive at the end of the 19th century as Beethoven at the beginning of the same. No one who wanted to compose could avoid a confrontation with his work; anyone who worked as a composer was compared to him and composition itself meant following same path he had chosen or opting for a completely different one. Opinions differed – and still differ today – when it comes to Wagner. Hardly another composer has evoked such absolute, glowing admiration, even adoration, and such vehement rejection as he did, and more than one famous person even changed from a Wagnerian to Wagner-hater, such as Friedrich Nietzsche and Claude Debussy.

His biography reads like a novel. The path of his life was full of change, even erratic at times; he was wanted by the police and consorted with crowned heads of state; he enjoyed living in the lap of luxury and almost always above his means (Thomas Mann referred to him as "Pumpgenie" or "borrowing genius"), had affairs and worked an incredible amount on libretti, theoretical writings and musical works. Almost nothing in his life ran along the straight and narrow, but he pursued the realization of his artistic ideas with an amazing determination and perseverance, and ultimately with great success. He sabotaged and revolutionized the musical life of his times by writing pieces that could hardly be performed in existing theatres – the orchestra instrumentation Wagner demanded was too large, the technical expenditure required for the performance too great – so that his idea for constructing his own theatre seemed like the only obvious solution.

Regarding his impact – in addition to the music of his time, and here he influenced and manipulated whole groups of followers, members of the bourgeoisie and patriotic organizations with respect to aesthetics, philosophy, and ethics – Wagner can be called the artistic personality of the 19th century. He obviously cannot be held responsible for the relationship that Bayreuth had to the Third Reich under the Nazi Regime (it was his daughter-in-law Winifred who courted the attentions and esteem of those in power), yet they are not surprising. Wagner's anti-Semitic comments, however one wishes to interpret and explain them, were grist in the mill of the spreading hatred of Jews. His focus on operatic material taken from Nordic and German mythology (including the revitalization of alliteration), fit

the general flourishing of Germanicness, and the multi-layered tetratology Der Ring des Nibelungen can be deciphered as an expression of a reactionary, annihilation-seeking approach to history that certainly fitted well into the National Socialist attitude.

The music-historical importance of Wagner is clearly immense. With the works from the central period of his time of creativity (Der fliegende Holländer, Tannhäuser and Lohengrin) (the Flying Dutchman, Tannhäuser and Lohengrin), he rounded off the tradition of the Romantic Opera, and with his later works for the stage, which he wanted to have understood as "musical dramas" (Tristan und Isolde, Die Meistersinger von Nürnberg, the Ring Cycle and Parsifal), he presented a completely new concept of musical theatre. And that was not enough: From Tristan on, through the consistent use of the so-called leitmotif, his music achieved a density unknown before. At the same time, Wagnerian harmonics, via extreme chromaticism and the new treatment of chords, was a clear departure from the system of major-minor tonality considered authoritative up to that point in time, thus giving music from around the turn of the 20th century decisively new impulses.

Richard Wagner was born in 1813, the same year as his later antipode Giuseppe Verdi, in Leipzig as the youngest of the nine children of the police actuary Friedrich Wagner and his wife Johanna (Rosine) born Pätz, the daughter of a baker. Though the artistically receptive mother warned her children against seeking a career in the theatre – a godless profession – four of Wagner's older siblings successfully dedicated themselves to acting and opera singing. His father too, who had studied law, was in no way adverse to the arts in general and literature in particular. He died half a year after Richard's birth when typhoid fever broke out in the city following the Battle of Leipzig. In August of 1814, the widow Wagner married the portrait painter, actor, and poet Ludwig Geyer, a good friend of her deceased husband, and the artistic atmosphere of the household was thus preserved. The conjecture expressed by Friedrich Nietzsche in 1888 in "Der Fall Wagner" ("The Wagner Case") that Geyer was in fact Wagner's real father, cannot be proven. Wagner himself did not seem opposed to the idea and for his autobiographical work "Mein Leben" ("My Life") even chose the vulture, or in German "Geier", as his heraldic animal, though he later discarded this thought. After the wedding, the

family moved to Dresden where Geyer worked. A visit to Carl Maria von Weber is one of Wagner's early childhood memories, as he recalled in 1873: "Yes, if not for the impressions from the Weberian incident, I think I would never have become a musician." He later wrote of his mother: "The sorrowful, agitating exposure to a large family did not awaken a cosy tone of motherly affection in her; I can hardly ever remember being caressed by her, since tender expressions never took place in our family; in response to which a certain hasty, almost fierce, loud character very naturally asserted itself." And the question as to whether a biographical detail, insufficient motherly love, was personified in the female stage characters created by Wagner? "Senta, Elisabeth, Sieglinde, Brünnhilde, Isolde, and Kundry – all are variations on the type of woman who unreservedly merge with their male partner. Inversely, a conspicuous number of men struggle with their relationships to their mothers. This obviously applies to Siegfried and Parsifal, subliminally to figures like Holländer, Tannhäuser, Lohengrin, Siegmund, or Tristan too: all tend to confuse romantic love with motherly love or to intrude upon an existing marital relationship," according to Martin Geck in his Wagner monograph.

Geyer died in 1821 and Wagner's favourite sister, Rosalie, a successful actress (she played Gretchen in the first production of Goethe's "Faust" in Leipzig, among others) supported the family. In 1828, Wagner's mother returned with her children to Leipzig and Richard, who had attended the Kreuz School in Dresden, entered the Nikolai Grammar School. His obsessive enthusiasm for the theatre, for Shakespeare, Goethe, and Schiller, and for music, in particular Mozart, Beethoven, and Weber, caused him to neglect his studies. Wagner wrote plays himself (in the tragedy Leubald, which he wrote as a fifteen-year-old based on the pathetic and humorously powerful speech of Shakespeare, he had over a dozen characters die) and contact with Beethoven's symphonies gave him the idea of trying his hand as a composer. Following autodidactic studies, he began taking courses in harmony from music director Christian Gottlieb Müller. Two further experiences had a lasting effect on his development. In 1829, he saw the famous singer Wilhelmine Schröder-Devrient in the leading role from Beethoven's Fidelio. In the following year he had the opportunity of studying the score of Beethoven's Ninth Symphony; he completed a piano adaptation of the piece that he offered it to the Schott publishing house, which rejected it, however. In June of 1830, Wagner moved to the Thomas

School and one year later he enrolled at Leipzig University and studied composition under the Thomas cantor Christian Theodor Weinlig. Some piano pieces and orchestra overtures along with a symphony in C major have survived as relicts from this time period. Academic education fell behind the musical, however. “University. Licentious. – Playing faro. Terrible, licentious time in summer.”

After graduating from university, it was the Vormärz period (the eve of the German Revolution), Wagner, who considered himself a political artist, allied himself with a group of revolutionaries who called themselves “Junges Deutschland” (“Young Germany”) and who, though they only expressed their demands for political freedom in the areas of art and culture, still aroused the distrust of those in power. When one of the activists of “Junges Deutschland,” Heinrich Laube, gave Wagner an opera libretto to set to music, Wagner decided that he would write all the texts to his future operas himself (in 1832 he had already done so with his first opera, Die Hochzeit (The Wedding), although he largely destroyed the composition later). This is how he wrote Die Feen (The Fairies), created in Würzburg, where one of his brothers had gotten him a job as choir director.

On a visit to Teplitz in June of 1834, he wrote drafts for his third opera, Das Liebesverbot (The Censure of Love) after Shakespeare’s comedy “Measure for Measure”. In the summer of the same year, Wagner took a job as the bandmaster for the travelling Bethmann’schen theatre troupe. There he met the actress Minna Planer, well-known and popular in northern Germany, and fell in love with her. In the beginning, she was not particularly well-disposed towards him, since the poor bandmaster, who also tended to incur debt, could apparently offer her no security. She desired stable circumstances; as a sixteen-year-old she had succumbed to the charms of a colonel in the army and had given birth to a daughter, Natalie, whom she passed off to the world as the daughter of her own parents.

The leader of the theatre group, Bethmann, was threatened with bankruptcy. For Wagner, this meant the end of his plans as an opera director and Minna had to look for other engagements. From Magdeburg she first travelled to Berlin, where the offer she received did not seem very attractive, and then decided in favour of Königsberg. Wagner, half mad with desire, wrote her glowing, begging

love letters; finally, in July of 1836, he followed her and they were wed in the church of the suburb of Tragheim in November. The marriage was ill-fated from the very beginning, in part because of financial difficulties that never ended, in part because Wagner was jealous of Minna's work and all her acquaintances. In "Mein Leben", he writes of most disgusting performances and hurtful bitterness [...] in speech and actions, so that comes as no surprise that Minna returned to her parents in Dresden after just a few months and fled into the arms of an admirer named Dietrich.

In July of 1837, Wagner was successful in receiving an engagement as the bandmaster for Riga, and when he was able to procure the position of prima donna for one of Minna's younger sisters, Minna took the opportunity of reconciling with Wagner. He "forgave" her, and both sisters arrived in Riga in October. Wagner completed the first two acts of the opera Rienzi (his own libretto based on Edward Bulwer Lytton's novel Rienzi, the Last of the Tribunes); he had hopes of it being performed in Paris and wrote letters to the librettist Eugène Scribe and to Giacomo Meyerbeer, the most important composer of the French Grand Opéra.

The political dimension of Rienzi is a new attribute in keeping with the Vormärz period, for historical-political material was popular during this time.

When the artistic director of the theatre in Riga left his post, the management of the theatre could not wait to be rid of the disagreeable bandmaster, who was unable to bring himself to complete his work as desired, and fired him before the end of his engagement in March 1839. Wagner felt impelled to flee, for his creditors were demanding payment. The destination of his flight, after Minna's initial opposition had been overcome, was Paris. With the help of a friend from Königsberg, the Wagners crossed over the Russian boarder and boarded an East Prussian Pillau ship bound for London. The journey was more dangerous than expected; very bad weather forced the ship to drop anchor in the harbour of the small Norwegian island of Boröya. When the ship finally again set sail a week later, the storm was even worse than before. Undoubtedly this voyage reminded Wagner of Heine's "Aus den Memoiren des Herren von Schnabelewopski" (From the Memoirs of Mr. von Schnabelewopski; 1831) and the legend of the Flying Dutchman contained within; from the wanderings of a condemned man

who can only be saved by the fidelity of a woman who loves him. After a short stop in London, the ship arrived in Boulogne-sur-Mer, where Wagner met Meyerbeer. Meyerbeer's reception was friendly and accommodating, and he promised to help Wagner get work at the Paris Opera. When the Wagners finally arrived in Paris in September of 1839, the promised work turned out to be limited to the adaptation of popular operas for the piano and the writing of articles for Schlesinger's Gazette musicale. Although the money Wagner thus earned would have been enough for a moderate lifestyle, their debts continued to grow and Wagner was even forced to serve a short sentence in a debtor's prison.

The German philologist Samuel Lehrs, who was also living in Paris, brought the legends of Lohengrin and Tannhäuser on the Venusberg to Wagner's attention, who then linked the Tannhäuser saga with the historical Sängerkrieg (Contest of Singers) on the Wartburg in his own mind. First, however, he was occupied with the completion of Rienzi (Wagner's hopes of a performance in Paris were not realized, but Dresden was prepared to put on the opera and it first debuted there in October, 1840) and the work on Holländer, for which he wrote the libretto in just ten days. The composition took a mere six weeks and was completed in the summer of 1841. Following the triumphant success of Rienzi, Dresden had immediately agreed to perform Holländer (Wagner had been hoping for Berlin, since it seemed to have more prestige to him, but when in 1844 a performance actually took place there, he was confronted with extremely negative criticism). The piece found general approval, but Wagner had the feeling of having disappointed the public with his so completely unembellished, meagre, and dark work, as he ironically expressed it later.

After Wagner's early operas that processed the most different types of influences – in addition to Romantic opera, these included Italian Opera buffa, Opéra comique and Grand Opéra – Holländer is the first of three pieces with which Wagner concluded with and surpassed the tradition of Romantic opera. He dispersed with the spoken dialog typical for the genre and strengthened the tendency towards a through-composed style and an abandonment of the traditional operatic form consisting of recitative sections and arias (for example "Scene, Duet and Choir" appear in the first act as a com-

Wolfgang Windgassen (1914-74) als Lohengrin
Bayreuther Festspiele 1954

prehensive complex that takes up over half the act; the duet of the Holländer with his loving Senta in the second act at 422 measures in length eclipses every possible number from a Grand Opéra). Wagner gave up the traditional clear division between good and evil familiar from Romantic opera and he no longer placed the sphere of the "real" world in opposition to a visionary-fantastic one, but rather fused the two with one another. Wagner considered himself a genius and misfit and, as he wrote in a letter to Franz Liszt, expressly identified himself with the figure of the Holländer, a character in whom the desire for death and a mania for destruction were unified. Out of his own lack of redemption, the Holländer desires to strike a destroying blow against the whole world in the first act.

In February of 1843, Wagner accepted a position in Dresden as court bandmaster with hesitation and only after intensive persuasion by the widow of Carl Maria von Weber, for he considered Dresden too unimportant for him. Minna also suffered from the move, for despite all privations, her social life in Paris had been exciting and fulfilling: "Everything disgusts me. Paris appears like heaven to me and I can only recall it with tears."

In April of 1845, Wagner was able to complete the score to Tannhäuser. The debut performance took place in October and was not as enthusiastically received as Rienzi, which served to confirm Wagner's impression that his artistic endeavours were being misunderstood. The Paris performance, in which a reworked version of the piece was performed, even caused a scandal.

Tannhäuser exposes the contradiction between erotic and devotional love at its centre, personified in the characters of Venus and Elisabeth respectively; Tannhäuser himself is divided between high and low love.

Accordingly, Wagner's composition expresses exactly the opposition of the spheres of physical satisfaction and ascetic abnegation and in so doing relies on the power of the orchestra, its expanded timbres, and an abundance of repeating musical motifs that comment on the action and give the orchestral parts an individual level of meaning.

For Wagner's later development, the recitative, little appreciated by the audience, was of key importance: "My declamation is at the same time singing, and my singing is declamation, [...] sharp in metre and in a measure in keeping with the characteristics of speech." The best example of this quasi-recitative style is Tannhäuser's long solo in the third act, the description of his pilgrimage to Rome.

The feeling of artistic isolation also informs Lohengrin; completed in 1848 (the debut performance was in 1850 under the direction of Franz Liszt in Weimar). Even in the last year of his life, this material, which, according to Cosima's diary entry from January 6, 1883, Wagner considered most tragic of all his works, still calls up feelings of guilt, for he felt he had failed. He identified himself with Lohengrin and saw him as a higher being, as the embodiment of the absolute artist. The fact that Lohengrin dies at the end a broken man Wagner felt replicated his own tragedy: firstly, the failure of the attempt to find unconditional acceptance and understanding through feelings alone; secondly Wagner also saw himself reflected in Lohengrin's flight from a society that needed to experience political change.

Wagner became more and more involved in the periphery of the unrest that visited Germany after the Paris February Revolution. Although his revolutionary ideals were mostly second-hand, he soon became convinced that he would not be able to realize his artistic ideals without the complete overthrow of society. Though he was not actively involved in the barricade fighting of the Dresdner Aufstand (the Dresden Revolt) from 1849, still a warrant of apprehension was issued for him and he was again only able to save himself by fleeing (had he remained in Dresden and been tried in a court, he might have received the death penalty). With the assistance of his good friend Franz Liszt, Wagner was able to reach Switzerland and settled in Zurich in July of 1849. Minna followed, however hesitantly, shortly thereafter. Persuaded by Liszt, Wagner visited Paris to negotiate possible opera pro-

jects with the Opéra. In Paris, he fell passionately in love with a young admirer, Jessie Laussot, but the idea of running off together to the Orient was never realized and Wagner returned to Zurich. Liszt was also the one who encouraged Wagner to follow the plan hatched in Dresden of writing an opera entitled Siegfrieds Tod (Siegfried's Death) and in August of 1850, Wagner drafted the first two scenes – half-heartedly, though, for he feared that he would never find the right theatre for the piece. In September of the same year he first had the idea of founding his own festival theatre in Zurich.

In the years around 1850, Wagner completely rethought his guidelines as an opera composer and wrote a series of art-theoritical texts in which he announced a transformation: Die Kunst und die Revolution, Das Kunstwerk der Zukunft (Art and the Revolution, the Artwork of the Future) and his most important theoretical work Oper und Drama (Opera and Drama; completed in January of 1851), in which he outlined the new genre of musical drama. He claimed that in the past, drama had only been used as the means for the development of music in the opera and that music should now enter the service of a new type of drama. Wagner's approach reveals social-revolutionary aspects on the one hand, for the artwork of the future conquers the fettered society of the present. On the other hand, it is informed by a nationalism in which he set Italian and French opera in opposition to favoured German opera. According to Wagner, the basis of the musical drama is the myth, of which he says: it is always true and its content, with thickest compendiousness, is inexhaustible for all time. The task of the poet was only to interpret it. Reinventing myth for the Modern Era and rendering it understandable was the task of the composer, for only through music could legend be communicated to the feelings and as such become something one could experience at all. In addition to this, Wagner described techniques of composition that he later used in his musical dramas, determined the function of text with end rhyme and alliteration, singing and Orchestermelodie (orchestra melody), and speaks in this context of the connection of motifs of Ahnung (presentment) and Erinnerung (remembrance).

By December of 1852, Wagner had written the libretti for Der Junge Siegfried, Die Walküre and Das Rheingold (The Young Siegfried, The Valkyrie, and The Rhinegold) and set to work on their scoring.

Tristan und Isolde: Bühnenbildentwurf von Hans Strohbach

Rheingold was the first. In a somnambulant state, as he described it, during a stay in Italy in September 1853, Wagner had the ingenious idea of an endless perpetuating E flat major chord at the beginning of the prelude – the Rhine flows for a total of 136 measures, nature is at peace with itself (although the drafts show that it was a difficult process of composition); the actual work on the opera took almost exactly a year.

Although as director, Wagner soon played an important role in the musical scene of Zurich, his financial situation remained insecure, and he was dependant on the help of friends. Ultimately Otto Wesendonck, a wealthy silk importer, offered him a loan to be paid back bit by bit during better times. Wagner threw himself into his work and between June of 1854 and March of 1856 wrote the music to Walküre. Shortly thereafter he changed the titles of the two remaining operas to Siegfried and Götterdämmerung (Twilight of the Gods). Work on Siegfried was interrupted, however, by a passionate affair with Mathilde Wesendonck. His love for her allowed the idea for Tristan und Isolde to ripen in him; from the late summer of 1857 onwards he feverishly worked on realizing this project. Meanwhile, he had moved into a garden house next to the Wesendonck villa on a bank with a view of the Alps and Zurich Lake and was allowed to live there for a meagre rent. There the Wagner's abode was always open to guests; among them the newlyweds Hans and Cosima (born Liszt) von Bülow. While Wagner, inspired by Mathilde Wesendonck and the reading of Schopenhauer's "Die Welt als Wille und Vorstellung" (The World as Will and Representation) was composing Tristan, he set five of Mathilde's poems to music, the so-called Wesendonck-Lieder (the Wesendonck Songs), of which two, Im Treibhaus and Träume (In the Hothouse and Dreams) served as the basis for some of the passages from the opera.

The Tristan material, the conception of which, as always for Wagner, was preceded by extensive research and reading, is largely based on the epic of Gottfried von Straßburg from the Middle Ages, but was reinterpreted with reference to Schopenhauer's philosophy. Schopenhauer's basic idea of the negation of the will to live informs Wagner's writing throughout right up to the death of Tristan and Isolde: the tragedy of the two main characters is desired by both as a process of derealisation, a

"Here where my delusions have found peace, let this place be named Wahnfried", reads the inscription on this magnificent building that Ludwig had financed and the upkeep of which absorbed such massive sums that, although the Wagners life was considerably calmer, his financial worries never ceased and Wagner was tortured by various physical ailments and bad dreams.

In 1875, the first rehearsals with the 140-piece orchestra could begin in the Festspiel-haus and in the summer of 1876, things got serious. After three rehearsals, at which the entire cycle was played, the dress rehearsal took place at the beginning of August (King Ludwig was present and

Richard and Cosima Wagner with their son Siegfried

met Wagner personally again for the first time in eight years) and from August 13 to 30, the complete Ring was performed a total of 3 times.

The continuity of the music and the action, the unity of text and music, the vision of a Gesamtkunstwerk (complete work of art) carried not only by text, action, and music but also by scenic and acting components: this was not only realized in the Ring, but also surpassed in Wagner's Bayreuth. The Festspielhaus as the crowning achievement of Wagnerian unified thought raised the theatre to a true art form. Although the Ring contains a multiplicity of contradictions, logical breaks and open questions, the tetralogy was developed as a whole coherently and remains open to the most different interpretations: in the sense of Bakunin as the demonstration of the pure anarchistic desire for destruction, as the embodiment of Proudhon's thesis that personal property is theft, as the Schopenhauerian philosophy of renunciation, as a political-social criticism of capitalism and industrial society, as George Bernhard Shaw saw it – all of these are possible interpretations, and who would want to claim to have solved all the riddles the Ring offers? The Ring presents a myth, mixed with aspects of parable, fairytale, and saga, and yet opens unfathomably deep insights into human nature; it is a kaleidoscope of the possibilities of human thought, feeling, and action. "And this all takes place not through text and action alone, but rather in particular through the medium of music that allows us better than words to feel that here the sense of the world was negotiated. The ability of the music to reconcile with the moment also contributes to the fact that we do not have to stare at the dark end of the Ring from the very beginning, but that we can enjoy its happy moments: the mermaid-like unattainability of the Rhine maidens, the magnificence of Valhalla, the love between Siegmund and Sieglinde, the suffering of Wotan, the compassion of Brünnhilde, the child in the man Siegfried – and hundreds of other examples. Whoever engages with the Ring, will experience the infinity of his own capacity for happiness, desire, need, and unredeemability." (Martin Geck)

Wagner's followers found the production important, though it is not clear whether for artistic reasons or because of the new scale that it set. Financially, it proved not to be lucrative (the deficit was around 150,000 marks) and an improved performance of the Ring that Wagner had hoped to produce

the following year had to be cancelled for financial reasons. In the meantime, Wagner was seriously considering selling the Villa Wahnfried and the Festspielhaus and immigrating with the family to the United States. Again, Ludwig II helped him out of his desperate situation: in the spring of 1878, he granted him a loan that Wagner was to pay back from the proceeds from the performances of his works in the Bavarian theatres.

In the meantime, Wagner had already begun with work on Parsifal: the complete libretto was done by April of 1877. The composition took until the beginning of 1882 to finish; the opera was completed in Palermo on one of the trips to Italy that Wagner repeatedly took for his weak heart towards the end of his life. Since he had been able to convince King Ludwig that Parsifal should be performed exclusively in the Bayreuther Festspielhaus, the King put the choir and the orchestra of the Münchner Hofoper at his disposal, so that in the summer of 1882, sixteen performances of the Bühnenweihspiel (votive festival play) could take place. Hermann Levi, much admired by Wagner, was the musical director. Wagner had done away with the patronage system over the course of the season, since it had revealed itself to be not sufficiently profitable and the tickets were sold on the free market. In order to give interested parties with less money the chance to visit the Festspielhaus, Wagner also founded a scholarship that still exists today. Additional performances of Parsifal in the following year were secure.

Numerous philosophical thoughts flow together in Parsifal, and the symbolism is more complex than in Wagner's other operas, although the external action is rather simplistically shaped. Wagner combines the legends of the Holy Grail with reflections about the roll of suffering in the lives of human beings, although the central theme is again salvation. Here, though, salvation is not brought by a loving woman, but by a passive hero, who becomes knowledgeable through pity. As so often with Wagner, in Parsifal two closed thematic circles are placed in opposition to one another: here it is the world of the Grail and the magical kingdom of Klingsor. Wagner again succeeds in clearly characterizing the two spheres via fundamentally different music. The Grail themes are based on a triad and build up, sacral in appearance and static, in pure diatonic, while the world of Klingsor shimmers in

flowing chromatics. After the excessive richness of leitmotifs that run through the Ring (there are around 120) the music of Parsifal is limited to the minimum, and Wagner again proves himself the master of variation and development.

In September of 1882, Wagner and his family travelled to Venice where they stayed at the Palazzo Vendramin on the Canal Grande. On February 13, 1883, Wagner suffered a fatal heart attack there while working at his desk. His body was transported to Bayreuth and entombed in the garden of the Villa Wahnfried on February 18.

Richard Wagner (* le 22 mai 1813 à Leipzig, † le 13 février 1883 à Venise)

Wagner est aussi déterminant à la fin du 19ème siècle que Beethoven au début de ce siècle. De tous ceux qui voulaient composer, personne n'échappait à la prise en compte de son œuvre, celui qui composait devait se mesurer à lui, et la composition en soi signifiait poursuivre le chemin qu'il avait parcouru ou bien prendre une tout autre direction. Les esprits divergeaient – et divergent aujourd'hui encore – sur Wagner: presque personne n'a engendré une admiration voire une adoration aussi illimitée et vive et autant de refus violent que lui, et plus d'une célébrité wagnérienne se changea en anti-wagnérienne, comme par exemple Friedrich Nietzsche et Claude Debussy.

Sa biographie se lit comme un roman. Sa vie fut diversifiée, et pour ainsi dire instable ; il fut poursuivit par la police et fréquentait les têtes couronnées, il vivait volontiers dans le luxe et l'opulence et presque toujours au-dessus de ses moyens (Thomas Mann le désignait comme un « génie à crédit »), il avait des aventures et travaillait énormément à des livrets, des essais théoriques et des œuvres musicales. Quasiment rien dans sa vie ne se déroulait sans obstacle mais il mettait en application ses idées artistiques avec une détermination et une endurance à faire pâlir et avec une grande réussite. Il sabota et révolutionna la vie musicale de son temps en écrivant des morceaux qui pouvaient à peine être représentés dans les théâtres disponibles – la formation de l'orchestre ordonnée par Wagner était si grande, l'investissement technique nécessaire à la mise en scène trop important –, à tel point que la construction de son propre théâtre semblait couler de source.

Par les répercussions qu'il produisit – hormis la musique de son époque et future, il influença et manipula des groupes entiers de disciples, de citoyens cultivés et d'organisations patriotiques d'un point de vue esthétique, philosophique, politique et éthique –, Wagner mérite d'être désigné comme la personnalité artistique du 19ème siècle par excellence. Il ne doit évidemment pas être tenu luimême pour responsable des rapports que Bayreuth entretenait avec le Régime nazi sous le troisième Reich (ce fut sa belle-fille Winifried qui cherchait à s'attirer l'attention et l'estime des détenteurs du pouvoir) ; cependant, ces rapports ne sont pas le fruit du hasard. Les déclarations antisémites de Wagner, quelles que soient la signification et l'explication qu'on leur confère, furent comme de l'eau

qui vint alimenter le moulin de la haine envers les Juifs qui se propageait ; l'intérêt pour la matière des opéras empruntée à la mythologie nordique et allemande (y compris la reprise de l'allitération), convenait à l'épanouissement général de la culture allemande, et la tétralogie à plusieurs niveaux du Der Ring des Nibelungen se laisse déchiffrer comme l'expression d'une position réactionnaire sur l'histoire et assoiffée d'anéantissement qui correspondait entièrement aux idées nationale-socialistes.

L'importance de Wagner pour de l'histoire de la musique est bien sûr immense. Grâce aux œuvres du milieu de sa période de création (Der fliegende Holländer, Tannhäuser et Lohengrin), il paracheva la tradition de l'opéra romantique, et par ses œuvres scéniques plus récentes dont il voulait qu'elles soient comprises comme des « drames musicaux » (Tristan und Isolde, Die Meistersinger von Nürnberg, le cycle du Ring et Parsifal), il lança une conception complètement nouvelle du théâtre musical. Mais ce n'est pas tout : à partir de Tristan, sa musique obtient une densité jusqu'alors non atteinte grâce à l'emploi de ce qu'on appelle les leitmotive ; en même temps, l'harmonie wagnérienne, par une surchromatisation et un traitement des accords d'un nouveau genre, s'éloigne sensiblement du système de tonalité en majeur-mineur considérée jusque là comme obligatoire et donne ainsi à la musique des impulsions décisives au tournant du 20ème siècle.

Richard Wagner vit le jour en 1813, la même année que son futur antipode Giuseppe Verdi, à Leipzig comme le plus jeune des neuf enfants du greffier de police Friedrich Wagner et de sa femme, Johanna (Rosine), fille de boulanger, née Pätz. La mère, qui avait le sens de l'art, exhorta certes ses enfants à ne pas suivre une carrière théâtrale – celle-ci étant dépourvue de dieu –, mais quatre des plus grands enfants se vouèrent avec succès au théâtre et au chant d'opéra. Même le père, juriste de formation, ne détestait pas les arts, en particulier la littérature. Il mourut environ six mois après la naissance de Richard alors que le typhus se propageait dans la ville à la fin de la bataille de Leipzig. En août 1814, sa veuve épousa le peintre portraitiste, acteur et poète Ludwig Geyer, un ami proche de son défunt mari ; l'atmosphère au sein du foyer parental, tournée vers l'art, resta ainsi maintenue. La supposition exprimée par Friedrich Nietzsche en 1888 dans « Der Fall Wagner » que Geyer aurait été le père

biologique de Wagner ne peut pas être prouvée. Wagner lui-même semblait ne pas dédaigner cette idée et il choisit même pour son manuscrit autobiographique « Mein Leben » le vautour (Geier en allemand) comme emblème armorial, mais il en rejeta ultérieurement la pensée. Après les noces, la famille déménagea à Dresde où Geyer travaillait. Des visites chez Carl Maria von Weber font partie des souvenirs d'enfance de Wagner ; en 1873, il se souvient : « Oui, si je n'avais pas eu les impressions de la chose wéberienne, je crois que je ne serais jamais devenu musicien. » Sur sa mère, il écrivit plus tard : « Les soins qu'il faut investir dans les rapports excitants au sein d'une famille nombreuse ne fit pas naître en elle cet agréable ton de tendresse maternelle envers sa famille ; j'ai peine à me souvenir avoir jamais été cajolé par elle puisque aucune tendre parole n'avait lieu dans notre famille, ce pour quoi se faisait valoir une certaine nature rapide, véhémente, presque violente et bruyante. » Est-ce un moment biographique, un lien maternel profond mais insuffisant qui s'est exprimé dans les personnages de scène féminins de Wagner ? « Senta, Elisabeth, Sieglinde, Brünnhilde, Isolde et Kundry – elles varient toutes le genre de la femme qui s'accomplit sans aucune retenue dans son partenaire masculin. A l'inverse, manifestement un grand nombre de personnages masculins ont à se battre contre leurs liens maternels. Cela est visiblement valable pour Siegfried et Parsifal, et sous-entendu aussi pour les personnages du Hollandais, de Tannhäuser, Lohengrin, Siegmund et Tristan : tous tendent à mélanger l'amour du partenaire et l'amour maternel ou à s'immiscer dans un couple déjà existant » – nous informe Martin Geck dans sa monographie sur Wagner.

Geyer mourut en 1821 et la sœur préférée de Wagner, Rosalie, une actrice connaissant du succès (elle joua entre autres le rôle de Gretchen dans la première représentation du « Faust » de Goethe à Leipzig), entretenait la famille. En 1828, la mère retourna avec ses enfants à Leipzig, et Richard, qui avait fréquenté la Kreuzschule à Dresde, entra au collège Nicolaï. Son enthousiasme obsessif pour le théâtre, pour Shakespeare, Goethe et Schiller, et pour la musique, notamment pour Mozart, Beethoven et Weber, le mena à négliger toutes ses tâches scolaires. Wagner écrivit lui-même des pièces de théâtre (dans la tragédie Leubald qu'à l'âge de quinze ans il rédigea d'après le modèle de la « pathetische und humoristische Kraftsprache Shakespeares », il fit mourir plus d'une douzaine de personnes), et les contacts avec les symphonies de Beethoven lui donnèrent l'idée de s'essayer en

tant que compositeur. Après des études autodidactes, il prit provisoirement des leçons de théorie d'harmonie auprès du directeur musical Christian Gottlieb Müller. Deux autres événements marquèrent durablement son parcours. En 1829, il vit la cantatrice renommée Wilhelmine Schröder-Devrient dans le rôle-titre de Fidelio de Beethoven ; l'année suivante, il eut l'opportunité d'étudier la partition de la neuvième symphonie de Beethoven ; il mit au point une adaptation au piano de cette œuvre et la proposa à la maison d'édition Schott qui d'ailleurs la refusa. En juin 1830, Wagner changea pour la Thomasschule, et un an plus tard, il s'inscrivit à l'Université de Leipzig et y suivit des cours de composition auprès du Cantor de l'école thomasienne Christian Theodor Weinlig. Quelques œuvres pour piano et ouvertures d'orchestres ainsi que la symphonie en do majeur sont des reliques de cette époque. La formation académique resta d'ailleurs en arrière de la formation musicale : « Université, négligée. – Jouer Faro. Graves moments de débauche en été. »

Après l'obtention de son diplôme – c'était l'époque du Vormärz – comme il se considérait comme un artiste politique, Wagner s'associa à un groupement révolutionnaire appelé « Junges Deutschland » qui haut et fort ne criait certes ses revendications de liberté politique que dans les domaines de l'art et de la culture, mais qui attirait malgré tout à lui la défiance des dirigeants. Lorsque l'un des activistes du « Junges Deutschland », Heinrich Laube, lui présenta un livret d'opéra pour le mettre en musique, Wagner décida que lui seul écrirait les textes de ses opéras futurs (en 1832, il procéda de la sorte avec son premier opéra Die Hochzeit ; il détruisit toutefois sa composition en totalité). Ainsi, il s'y tint avec le morceau Die Feen, créé à Würzburg où l'un de ses frères lui avait procuré un poste de directeur de chorale.

Durant une visite à Teplitz en juin 1834 furent rédigés des brouillons du troisième opéra, Das Liebesverbot d'après une comédie de Shakespeare « Measure for Measure ». L'été de la même année, Wagner devint chef d'orchestre de la troupe ambulante Bethmann'sche Theatertruppe. Là-bas, il fit la connaissance de l'actrice célèbre et admirée dans le Nord de l'Allemagne, Minna Planer, et il tomba amoureux d'elle. Au début, elle ne se sentait pas portée vers lui car le jeune chef d'orchestre, qui de plus tendait à avoir des dettes, n'offrait visiblement aucune sécurité. Au fond, elle souhaitait des rela-

tions stables car à de seize ans, elle avait succombé au charme d'un colonel de l'armée et avait mis au monde une fille, Natalie, qu'elle fit passer aux yeux des gens pour l'enfant de ses propres parents.

Le chef de la troupe d'acteurs, Bethmann, menaçait de faire faillite. Pour Wagner, cela signifiait la fin de ses projets en tant de chef d'orchestre d'opéra, et Minna devait se mettre à chercher des engagements. De Magdeburg, elle partit visiter d'abord Berlin où l'offre qui lui fut faite lui paraissait peu attrayante, puis elle se décida pour Königsberg. Wagner, qui de nostalgie n'était presque plus lui-même, lui écrivit des lettres d'amours enflammées et implorantes ; finalement, il la suivit en juillet 1836, et en novembre, le mariage eut lieu dans l'église du faubourg de Tragheim. Dès le départ, le couple ne se trouvait pas sous une bonne étoile, en partie parce que les difficultés financières ne touchaient pas à leur fin et en partie aussi parce que Wagner était jaloux du métier de Minna et de l'ensemble de ses fréquentations ; Dans « Mein Leben », il parle de répugnantes représentations et d'amertume blessante [...] dans la langue et le comportement si bien qu'il n'est pas étonnant qu'après quelques mois, Minna aille trouver refuge chez ses parents à Dresde et se jeta entre les bras d'un de ses admirateurs du nom de Dietrich.

Wagner parvint en juillet 1837 à obtenir un engagement de chef d'orchestre à Riga et alors qu'il procura à l'une des plus jeunes sœurs de Minna un emploi de prima donna, Minna saisit l'occasion pour se réconcilier avec Wagner ; de son côté, il lui « pardonna », et en octobre, les deux sœurs arrivèrent à Riga. Wagner acheva les deux derniers actes de l'opéra Rienzi (livret personnel d'après le roman d'Edward Bulwer Lytton Rienzi, the Last of the Tribunes) ; il espérait une représentation de cet opéra à Paris et écrivit des lettres au librettiste Eugène Scribe et à Giacomo Meyerbeer, le plus important compositeur du Grand Opéra français.

La dimension politique de Rienzi est une caractéristique d'un nouveau genre ; elle convient au Vormärz car les sujets historico-politiques étaient demandés à cette époque.

Lorsque l'intendant du théâtre de Riga quitta son service, la direction du théâtre n'eut rien de plus urgent à faire que de licencier hâtivement en mars 1839 le chef d'orchestre désagréable qui n'était pas parvenu à exécuter son travail comme on l'attendait de lui. Wagner se vit contraint de fuir car ses

créanciers exigeaient leur dû. Le point d'arrivée de cette fuite était, après avoir réussi à vaincre la résistance initiale de Minna, Paris. Avec l'aide d'un ami de Königsberg, les Wagner franchirent la frontière russe et embarquèrent à Pillau, une ville de Prusse orientale, à destination de Londres. Le voyage était bien plus périlleux que prévu ; de graves intempéries contraignirent le bateau à jeter l'ancre dans le port de la petite île norvégienne de Boröya. Lorsqu'une semaine plus tard le navire reprit la mer, la tempête était encore plus terrible qu'avant. Sans aucun doute, cette expérience a rappelé à Wagner l'œuvre « Aus den Memoiren des Herren von Schnabelewopski » (1831) et la légende du Hollandais Volant qui y est décrite, ce damné voguant sans but et qui ne peut être délivré que par la fidélité d'une femme qui l'aime. Après une brève étape à Londres, le bateau atteignit Boulogne-sur-Mer où Wagner rencontra Meyerbeer. Celui-ci se montra bienveillant et amical et promit d'aider Wagner à trouver un travail à l'Opéra de Paris. Lorsque le couple Wagner arriva finalement à Paris en septembre 1839, il s'avéra que le travail entrevu se limitait à adapter de quelconques opéras pour piano et à rédiger des articles pour la Gazette musicale de Schlesinger ; bien que les gains eussent suffi pour une vie modeste, les dettes augmentèrent et Wagner dut même purger une peine d'emprisonnement dans un établissement pour personnes endettées.

Le philologue allemand Samuel Lehrs, qui vivait également à Paris, attira l'attention de Wagner sur les légendes de Lohengrin et de Tannhäuser sur le Venusberg, et celui-ci relia dans son esprit la légende de Tannhäuser avec l'historique tournoi de poésie à la Wartburg. Il était toutefois tout d'abord occupé à l'achèvement de Rienzi (les espoirs que Wagner avait en une représentation à Paris furent vains, mais à Dresde, on était volontiers prêt à jouer l'opéra et c'est là-bas qu'eut lieu la première en octobre 1840) et à la rédaction du Holländer, il écrivit le livret en seulement dix jours, la composition ne prit que six semaines et fut terminée à l'été 1841. A Dresde, après le succès triomphal de Rienzi, on avait immédiatement été d'accord pour jouer le Holländer (Wagner par contre avait misé sur Berlin car cela lui paraissait être plus prestigieux, mais lorsqu'en 1844 une représentation y eut effectivement lieu, Wagner se vit confronté à de mauvaises critiques). Le morceau eut du succès mais Wagner avait l'impression d'avoir déçu le public avec son œuvre si totalement dénudée, piètre et sinistre comme il la désigna ironiquement lui-même plus tard.

Après les œuvres précoces de Wagner qui intègrent différentes influences – excepté l'opéra romantique, ce seraient l'opéra bouffe italien, l'opéra comique et le grand opéra –, le Holländer est la première de trois œuvres par lesquelles Wagner acheva et surmonta la tradition de l'opéra romantique. Les dialogues parlés typiques de ce genre n'existent plus, et la tendance à la composition en alternance et à l'abandon de l'opéra à numéro se renforce (par exemple, « scène, duo et chœur » dans le premier acte se révèlent être un complexe étendu qui occupe plus de la moitié de l'acte ; le duo du Hollandais avec son amante Senta au deuxième acte éclipse, avec sa longueur de 422 temps, tout numéro d'un grand opéra). Wagner abandonne la séparation traditionnelle nette entre le bien et le mal, telle que nous la connaissons dans l'opéra romantique, et il n'oppose plus la sphère du monde « réel » à celle d'un monde visionnaire-fantastique mais il fond les deux en un ensemble. Wagner se considérait comme un génie et un marginal et s'identifiait, comme il en ressort d'une lettre à Franz Liszt, expressément à la personne du Hollandais, une personne d'ailleurs qui unit en lui la nostalgie de la mort et la folie destructrice : par-delà sa propre damnation, le Hollandais souhaite dans le premier acte un coup anéantissant contre le monde entier.

Wagner accepta la proposition d'occuper un poste de chef d'orchestre de la cour à Dresde en février 1843, seulement après une hésitation et après une longue tentative de persuasion par la veuve de Carl Maria von Weber car pour lui, Dresde était en fait trop insignifiant. Minna aussi souffrit de ce déménagement : « Tout me répugne. Paris est pour moi comme un paradis, et je n'y puis repenser qu'en versant des larmes » ; malgré toutes les privations, sa vie en société à Paris avait été stimulante et satisfaisante.

En avril 1845, Wagner put finir la partition de Tannhäuser. La première en octobre ne connut pas le même accueil enthousiaste que Rienzi et confirma son impression que ses intentions artistiques étaient mal comprises ; dans la mise en scène parisienne, durant laquelle fut jouée une version retravaillée du morceau, le scandale éclata même.

Tannhäuser présente l'opposition entre amour sensuel et dévoué au centre et personnifiés par les personnages de Venus et d'Elisabeth ; Tannhäuser est lui-même tiraillé entre amours hautes ou basses.

En rapport à cela, la composition de Wagner exprime justement l'opposition entre les sphères de l'accomplissement corporel et du renoncement ascétique et mise pour cela surtout sur la force de l'orchestre, sur un plus grand éventail de sonorités et sur une quantité de motifs musicaux récurrents qui commentent l'action et confèrent à la partie orchestrale un niveau sémantique propre. Pour le développement ultérieur de Wagner, ce sont avant tout les récitatifs peu apprécié du public qui sont importants : « Ma déclamation est en même temps un chant, et mon chant une déclamation [...] vive dans la mesure et dans une échelle de temps correspondant au caractère du discours. » Le meilleur exemple de ce style quasi-récitatif est le long solo de Tannhäuser au troisième acte, la description de son pèlerinage à Rome.

Le sentiment d'isolation artistique marque aussi Lohengrin, terminé en 1848 (première en 1850 à Weimar sous la direction de Franz Liszt). Jusqu'à la dernière année de sa vie, cette matière que Wagner considérait – suivant les inscriptions du 6 janvier 1883 dans le journal intime de Cosima – comme la plus triste au sein de toute son œuvre, suscita des sentiments de culpabilité puisque Wagner trouvait qu'il avait échoué. Il s'identifiait à Lohengrin et le voyait comme un être supérieur, comme l'incarnation même de l'artiste absolu. Wagner ressentit le fait qu'à la fin Lohengrin s'éloigne vaincu comme sa propre tragédie : premièrement, la tentative d'être accepté et compris sans retenue uniquement par les sentiments échoua ; deuxièmement, Wagner se retrouvait aussi dans la fuite de Lohengrin devant une société qui aurait dû subir des changements politiques.

Wagner finit par se retrouver toujours davantage dans le cercle des agités qui s'abattirent sur l'Allemagne après la révolution parisienne de février. Bien que ses idées révolutionnaires n'étaient pas de lui, il acquit la conviction que ses idéaux artistiques n'étaient pas réalisables sans révolution de la société ; il ne participa pas activement aux combats de barricades lors de la révolte de Dresde en 1849, mais il fut malgré tout par la suite recherché par avis et ne put alors se sauver à nouveau qu'en prenant la fuite (s'il était resté à Dresde et avait été déféré devant un tribunal, on l'aurait probablement frappé de la peine de mort). Grâce à l'aide de son grand ami Franz Liszt, Wagner atteignit la Suisse et s'installa à Zurich en juillet 1849 ; Minna le rejoignit plus tard malgré ses hésitations.

Wagner se rendit à Paris pour mener avec l'Opéra des négociations au sujet d'un projet d'opéra dont Liszt l'avait persuadé. A Paris, il tomba éperdument amoureux d'une jeune admiratrice, Jessie Laussot, mais l'idée de s'enfuir ensemble vers l'Orient ne fut finalement pas réalisée et Wagner retourna à Zurich. Ce fut également Liszt qui incita Wagner à poursuivre le plan qu'il projetait depuis Dresde, qui était d'écrire un opéra portant le titre Siegfrieds Tod, et Wagner esquissa en août 1850 les deux premières scènes – mais toutefois timidement car il craignait de ne pas trouver de théâtre approprié pour la représentation. En septembre de la même année, il embrassa pour la première fois l'idée d'un propre théâtre des festivals à Zurich.

Autour de 1850, Wagner repensa en profondeur ses lignes directrices de compositeur d'opéra et rédigea une série de manuscrits sur la théorie de l'art dans lesquels un changement s'annonçait : Die Kunst und die Revolution, Das Kunstwerk der Zukunft et son étude théorique la plus importante Oper und Drama (achevé en janvier 1851) dans laquelle il dessine les contours du nouveau genre, le drame musical. Dans l'art de l'opéra du passé, le drame n'avait été qu'un moyen pour accéder à l'épanouissement de la musique ; désormais, la musique doit se mettre au service d'une nouvelle dramaturgie. Le point de vue de Wagner montre d'une part des traits socio-révolutionnaires car le futur chef d'œuvre surpasse la société non libre dépendante du présent. D'autre part, il est caractérisé par des traits nationaux car il oppose l'opéra italien et français à la mise en avant de l'opéra allemand. Selon Wagner, la base du drame musical est le mythe dont il dit qu'il est toujours vrai, et son contenu, avec la compacité la plus étroite, inépuisable pour tous les temps. La tâche du poète n'était que de l'interpréter. Réinventer et représenter le mythe de manière compréhensible pour le monde moderne est le devoir du compositeur car ce n'est que par la musique que le mythe peut être transmis au sentiment et ainsi au moins être vécu. De plus, Wagner décrit quelques techniques de composition qu'il utilisa plus tard dans ses drames musicaux, il expose les fonctions du texte avec rime finale et allitération, du chant et de mélodie d'orchestre et parle en rapport à cela de motifs du pressentiment et du souvenir.

Jusqu'en décembre 1852, Wagner écrivit les livrets de Der junge Siegfried, de Die Walküre et de Das

Rheingold et se lança dans leur mise en musique. Das Rheingold constitua le début. Dans un état somnambule, selon son propre témoignage, durant un séjour en Italie en septembre 1853, Wagner eut l'idée géniale d'un accord interminable en mi-bémol majeur au début du prélude – pendant une durée de 136 temps, le Rhin s'écoule, la nature est en harmonie avec elle-même (quoique les brouillons montrent qu'il s'agissait d'un processus de composition compliqué) ; le travail effectif à cet opéra prit presque une année entière.

Bien que Wagner joua bientôt en tant que chef d'orchestre un rôle important sur la scène musicale zurichoise, sa situation financière resta incertaine et il fut contraint de demander l'aide de ses amis. Finalement, Otto Wesendonck, un importateur de soie fortuné, se déclara prêt à lui accorder un crédit qui serait remboursable au fur et à mesure dans des moments plus propices. Wagner se plongea dans son travail et écrivit entre juin 1854 et mars 1856 la musique de la Walküre. Peu de temps après, il changea le titre des deux opéras restants en Siegfried et Götterdämmerung. Le travail de Siegfried fut en outre interrompu par une aventure fougueuse avec Mathilde Wesendonck. Son amour pour elle avait fait mûrir en lui l'idée de Tristan und Isolde ; à partir de la fin de l'été 1857, il s'affaira fiévreusement à la réalisation de ce projet. Entre temps, il avait déménagé dans un pavillon, à côté de la villa des Wesendonck sur une hauteur avec vue sur les Alpes et le Lac de Zurich, qu'il pouvait habiter en échange d'un modeste loyer. Les Wagner y accueillaient tout le monde à bras ouverts ; Parmi leurs invités, on compta aussi les jeunes mariés Hans et Cosima (née Liszt) von Bülow. Pendant que Wagner, inspiré par Mathilde Wesendonck et la lecture de Die Welt als Wille und Vorstellung de Schopenhauer, composait Tristan, il mit aussi cinq poèmes en musique pour Mathilde et en fit les Wesendonck-Lieder dont deux, Im Treibhaus et Träume, lui servirent de substance de base pour certains passages de l'opéra.

La matière de Tristan, dont la conception, comme toujours chez Wagner, fut précédée de recherches et de lectures exhaustives, repose pour de larges parties sur l'épopée du Moyen-Age de Gottfried de Strasbourg mais en modifie la signification pour la rapprocher de la philosophie de Schopenhauer. L'idée fondamentale de Schopenhauer concernant la négation de l'envie de vivre marque la poésie de

Wagner jusqu'à la mort finale de Tristan et Isolde : le malheur des deux personnages principaux est souhaité par les deux comme processus de dissolution de la réalité, d'oubli de soi et d'extermination de la conscience. Wagner écrivit une fois à Mathilde Wesendonck : « Mais quand je vois ton œil, je ne peux plus parler ; tout ce que je pourrais dire devient alors insignifiant ! Vois, tout m'est alors indiscutablement vrai, et je suis si sûr de moi quand cet œil merveilleux, sacré repose sur moi et que je plonge en moi-même ! Il n'y a donc plus ni objet ni sujet ; tout est un et uni, une harmonie profonde et incommensurable ! » C'est Isolde qui annonce cela comme message de l'œuvre à la fin de la pièce : dans cette « mort par amour », elle forme un tout avec le tout flottant de la respiration du monde – se noyer, couler – inconscient – si haut plaisir ! (Le « si haut plaisir » peut être presque compris littéralement : S'il est de musique érotique au sens restreint, alors il s'agit de celle-ci.) Ce que Wagner annonçait dans Oper und Drama, c'est-à-dire utiliser la capacité de l'orchestre à parler en vue de déclamer l'imprononçable, est entièrement réalisé dans Tristan : les motifs musicaux émergeant sans relâche, se développant, s'unissant, se séparant puis refusionnant à nouveau, s'enlaçant, se dévorant presque mutuellement . Wagner parvient à atteindre le fait que ces motifs, qui pour leur expression importante nécessitaient l'harmonisation la plus exhaustive de même qu'un traitement orchestral fonctionnant de la manière la plus autonome, expriment une vie affective allant du désir extrême d'exaltation à l'attente de la mort la plus décidée, tel que cela ne put jusqu'alors être développé avec une pareille quantité de combinaisons dans aucune phrase purement symphonique. En effet, l'action extérieure du drame est fortement simplifiée ; l'action réelle a lieu à l'intérieur et elle est presque exclusivement dépeinte par la musique elle-même car les mots aussi se dissolvent par endroits et perdent leur caractéristique de langage compréhensible.

Lorsque Minna reçut entre les mains une lettre de Wagner adressée à Mathilde, la colère éclata. Minna retourna à Dresde, Wagner partit pour Venise puis, puisque la police saxonne était à sa recherche et ne lui accordait plus de séjour indéterminé, à nouveau en Suisse en mars 1859, la deuxième partie terminée de Tristan dans ses bagages. Une amnistie partielle permit à Wagner d'essayer de s'installer à Vienne ; il y prit un appartement mais séjourna aussi à d'autres endroits : à Venise où il s'efforça de réaliser l'idée longtemps cogitée de Die Meistersinger von Nürnberg, puis à Paris,

Prague, Budapest, Karlsruhe, Saint-Pétersbourg et Moscou, ce fut artistiquement une réussite mais financièrement peu lucratif. En mai 1864, il obtint à Stuttgart la nouvelle que Louis II, le jeune roi de Bavière âgé de dix-huit ans et récemment couronné, souhaitait le voir à Munich, Wagner donna donc suite à cette convocation. Ceci allait changer radicalement sa vie.

Le roi Louis n'était pas seulement enthousiasmé par Wagner, ses idées et sa musique, mais il le divinisait. Selon ses indications, sa vie commença « le jour où j'entendis pour la première fois Lohengrin » – c'est ainsi qu'il s'exprima plus tard à Cosima von Bülow. Wagner rapporta leur première rencontre à son amie intime Mathilde Maier : « Vois ici le portrait d'un jeune homme admirable que le destin désigna pour être mon sauveur. C'est lui que nous attendions et qui devait exister. [...] Notre rencontre d'hier fut une grande scène d'amour qui ne voulait pas prendre fin. Il est très profondément compréhensif par rapport à ma nature et à mes besoins. Il m'offre tout ce dont j'ai besoin pour vivre, pour créer, pour représenter mes œuvres. Il me suffit d'être son ami : pas d'embauche, pas de fonctions. » Cela doit avoir été pour Wagner comme un conte de fée. Le roi lui proposa 30 000 florins pour l'achèvement du Ring, remboursa toutes ses dettes et il lui versait une somme annuelle de 8 000 florins, toute dépense nécessaire supplémentaire en sus. En huit ans durant lesquels Wagner reçut un soutien direct du roi Louis ont lieu la première de Tristan, la composition et la première des Meistersinger, l'achèvement du Ring et la conception de Parsifal ; Wagner évolua en un grand nom de la scène musicale européenne. Même après la rupture personnelle entre Wagner et Louis, le roi ne cessa pas de financer les plans de Wagner – sans lui, Bayreuth et les représentations du Ring et de Parsifal, qui y eurent lieu et que Wagner eut encore le plaisir de connaître, n'auraient pas été possibles. (En contrepartie, au fil du temps il obtint de Wagner entre autres les manuscrits de Die Feen, Das Liebesverbot, Rienzi, Die Meistersinger von Nürnberg, Das Rheingold et Die Walküre ainsi que les esquisses d'orchestres pour certaines parties de Siegfried et Götterdämmerung. Tout ceci fut cédé en 1939 par le fonds de compensation des Wittelsbach à la Chambre économique du Reich qui l'offrit ensuite à Adolf Hitler pour son 50ème anniversaire de sorte que ce matériel inestimable pour la recherche fut irrémédiablement perdu à la fin de la Seconde Guerre mondiale.)

Hormis le début du mécénat de Louis, un autre événement provoqua en 1864 un heureux tournant dans la vie de Wagner. Au début de l'été, Cosima von Bülow arriva avec ses enfants dans le nouveau domicile de Wagner dans les environs de Starnberg et la relation entre elle et Wagner allait devenir plus qu'une simple aventure. Les filles Isolde et Eva qu'elle mit au monde en avril 1865 et en février 1867 n'étaient pas les enfants de son époux Hans von Bülow. Celui-ci dirigea les premières de Tristan et des Meistersinger en 1865 et 1868 ; certes, au plus tard depuis février 1865 il avait compris où en étaient ses relations de couple mais il resta dans un premier temps calme.

Il en fut autrement du gouvernement du roi Louis. Au début, le gouvernement avait des idées tout à fait positives sur Wagner, mais il dut bientôt reconnaître que l'artiste ne laisserait pas instrumentaliser comme médiateur dans certaines affaires politiques, et il tenta pour cela à dessein de le discréditer. Pour cela, sa liaison avec Cosima se prêta aussi bien que les dépenses qu'il engendrait auprès de la caisse d'Etat bavaroise (et qu'il causerait à l'avenir quand la construction du théâtre prévu à Munich pour Wagner serait effectivement lancée). De son côté, Wagner usait d'une habile tactique contre des membres du cabinet et voulait prendre part aux décisions politiques. Tiraillé entre son admiration pour Wagner et la raison d'Etat, le roi se décida finalement pour le deuxième point et pria Wagner de quitter provisoirement la Bavière. Celui-ci partit à nouveau en Suisse. Lors d'un voyage pour le sud de la France, il reçut en janvier 1866 la nouvelle de la mort de Minna à Dresde.

La même année, Wagner loua la villa Tribschen dans les environs de Lucerne. Là-bas, il acheva en octobre 1867 les Meistersinger. La première eut lieu en juin 1868. Enthousiasmé par la musique, Friedrich Nietzsche décrivit – à partir de 1869, le jeune professeur de philosophie rendit régulièrement visite à Wagner à Tribschen – la pièce concrètement et avec insistance : « Que de sève et de force, que de saisons et de lignes célestes ne sont pas mélangées ici ! Cela nous procure une impression tantôt archaïque, tantôt étrangère, austère et plus que jeune, c'est aussi arbitraire que pompeusement traditionnel, il n'est pas rare que ce soit malicieux, plus fréquemment brutal et grossier – cela a du feu et du courage et en même temps une peau molle, jaunâtre de fruits qui mûrissent trop tard. Cela coule abondamment : et soudain, un moment d'hésitation inexplicable, semblable à un trou qui

se crée entre cause et effet, une pression qui nous fait rêver, presque un cauchemar –, mais déjà s'élargit et s'étend l'ancien courant de plaisir, du plaisir le plus varié, d'ancien et de nouveau bonheur, tout à fait inclus le bonheur de soi-même de l'artiste dont il ne veut pas faire de mystère, sa complicité surprise et heureuse pour maîtriser ses moyens utilisés ici, des moyens artistiques récemment acquis et pas encore vérifiés. » Le tragique de Tristan est ici transformé en approbation de la vie qui remplace la passion centrée par une diversité et une variété.

En novembre 1868, Cosima emménagea avec ses filles Isolde et Eva chez Wagner dans la villa Tribschen. En juin 1869, leur fils Siegfried vint au monde ; à cette occasion, Wagner composa pour Cosima la Siegfried-Idyll. Jusqu'au divorce d'avec Hans von Bülow, une bonne année passa, et en août 1870, elle épousa Wagner, plus âgé de tout juste 24 ans. Elle fut pour lui tout autant sa muse et son épouse ; il avait besoin d'elle et de son amour dévoué, et elle avait besoin qu'on ait besoin d'elle : une femme intelligente, sensible et autonome qui lui fut un soutien dans ses inconsistances. De manière surprenante, ce fut le mariage de Wagner et Cosima qui causa la rupture d'avec Louis II – après une période de refoulement, le roi reconnut qu'il n'était pas la personne la plus profondément liée à Wagner. Louis resta toujours intéressé à l'œuvre de Wagner mais leur amitié était rompue. Vu sous cet angle, il n'est pas très étonnant que le roi fixât les représentations des œuvres wagnériennes sans même l'accord du compositeur, et Wagner dut faire l'expérience que les premières de Rheingold à l'automne 1869 et de la Walküre en juin 1870 eurent lieu contre sa volonté.

Le Ring approchait de son achèvement et Wagner se sentait de moins en moins calme à Tribschen, d'autant plus qu'il craignait que le roi Louis en fît représenter aussi d'autres parties avant que le moment n'en fût venu. Il avait toujours en tête l'idée d'une première générale de la tétralogie dans un théâtre qui lui serait propre et en cherchant dans une encyclopédie un endroit adapté, il tomba sur Bayreuth. En avril 1871, il s'y rendit afin d'examiner le Markgräfliches Theater ; il le trouva insuffisant pour ses besoins et décida qu'un nouveau théâtre devrait être construit. Le printemps 1872 se trouva sous le signe des préparatifs : déménagement à Bayreuth, constitution d'un conseil d'administration, dépôt solennel de la première pierre. La vente de billets de patronage ne se déroula pas aussi

favorablement que l'avait espéré Wagner ; 100 000 Taler que le roi Louis déboursa en 1874 étaient prévus pour l'équipement intérieur et ainsi, Wagner dut effectuer des voyages et des concerts afin de se procurer de l'argent pour financer la construction du bâtiment. Dès 1872, il avait cherché auprès des opéras les chanteurs adaptés. En 1874, tous ceux qui devaient occuper un premier rôle vinrent à Bayreuth. La même année, le couple Wagner emménagea dans la maison Wahnfried fraîchement construite : Ici, où mes chimères ont trouvé la paix, - Wahnfried, qu'ainsi cette maison soit par moi nommée dit l'inscription sur ce monument somptueux que Louis avait financé et dont l'entretien engouffrait des sommes faramineuses de sorte que, bien que la vie des Wagner se déroulât plus calmement, les soucis financiers ne se terminaient toujours pas, et Wagner fut tourmenté par diverses souffrances physiques et de mauvais rêves.

En 1875, les répétitions avec un orchestre de 140 personnes purent commencer au Festspielhaus, et à l'été 1876, les choses devinrent sérieuses. Les trois répétitions, lors desquelles l'ensemble du cycle résonna, furent suivies début août d'une répétition générale (le roi Louis était présent et pour la première fois depuis huit ans, il rencontra à nouveau Wagner en personne), et entre le 13 et le 30 août, l'intégralité du Ring fut jouée trois fois.

La continuité de la musique et de l'action, l'unité du texte et de la musique, la vision de l'ensemble du chef-d'œuvre qui n'est pas porté uniquement par le texte, l'action et la musique, mais aussi par la scène et l'interprétation : ceci est non seulement réalisé dans le Ring, mais pour ainsi dire porté à l'excès dans le Bayreuth de Wagner. Le Festspielhaus comme couronnement de la pensée unitaire wagnérienne élève le théâtre au niveau d'œuvre d'art par excellence. Bien que le Ring contienne une quantité de contradictions, de ruptures de la logique et de questions ouvertes, la tétralogie est néanmoins développée de manière cohérente dans son ensemble et reste ouverte aux interprétations les plus diverses : selon Bakounine comme démonstration d'une envie de destruction purement anarchique, comme incarnation de la thèse de Proudhon que la propriété est un vol, comme philosophie du renoncement de Schopenhauer, comme critique politico-sociale du capitalisme et de la société industrielle comme le vit Bernhard Shaw – tout ceci sont des interprétations possibles ; et qui prétendait

avoir résolu toutes les énigmes que le Ring pose ? Le Ring expose un mythe, entremêlé d'éléments de parabole, de conte de fée et de légende, et il ouvre cependant d'innombrables aperçus profonds de la nature humaine, c'est un kaléidoscope de possibilités de la pensée, de la sensation et de l'action humaine. « Et ceci ne se produit pas seulement grâce au texte et à l'action, mais surtout au moyen de la musique qui nous fait sentir mieux que toute parole qu'ici, on agit bien au-delà du sens du monde. La faculté de la musique à réconcilier avec l'instant contribue en outre à ne pas nous faire envisager dès le départ la fin sombre du Ring mais à nous faire jouir de ses moments de bonheur : l'intouchabilité des filles du Rhin, la splendeur de la Walhall, le bonheur de l'amour entre Siegmund et Sieglinde, la souffrance de Wotan, la compassion de Brünnhilde, l'enfant qui se cache en Siegfried, l'homme – et une centaine d'autres choses. Celui qui s'embarque dans le Ring vivra en lui l'infinité de ses propres possibilités de bonheur, de nostalgie, de contraintes et de non-délivrance. » (Martin Geck)

Au sein des partisans de Wagner, on trouva la production d'une grande importance, quoiqu'il ne puisse pas être déterminé si c'était pour des raisons artistiques ou à cause des nouveaux critères qu'elle posait. Financièrement, elle s'avéra ne pas être lucrative (le déficit atteignait près de 150 000 marks) et une reprise du Ring que Wagner avait espérée pour l'année suivante dut rester sans suite pour raisons financières. Pendant ce temps, Wagner envisageait sérieusement de vendre la villa Wahnfried et le Festspielhaus et d'émigrer avec sa famille aux Etats-Unis. Une fois encore, le roi Louis II le tira de cette situation d'urgence : au printemps 1878, il accorda un prêt que Wagner allait devoir rembourser grâce aux bénéfices des représentations de ses œuvres dans les théâtres bavarois.

Entre temps, Wagner avait déjà entamé ses travaux sur Parsifal : le livret terminé était disponible en avril 1877. La composition s'étira jusqu'au début de l'année 1882 ; l'opéra fut conclu à Palerme lors d'un des voyages en Italie que Wagner, en raison de la faiblesse de son cœur, entreprit de manière répétée durant les dernières années de sa vie. Comme il était parvenu à convaincre le roi Louis de faire représenter Parsifal exclusivement au Festspielhaus de Bayreuth, celui-ci lui mit à disposition le chœur et l'orchestre du Münchner Hofoper de sorte qu'à l'été 1882, seize représentations du

« Bühnenweihspiel » puissent avoir lieu. La direction musicale fut confiée à Hermann Levi que Wagner estimait beaucoup. Puisque Wagner supprima le système de patronage durant la saison, parce que cela s'était avéré ne pas être suffisamment profitable, les tickets furent mis en vente libre ; afin de donner aussi à des personnes intéressées mais financièrement moins aisées la possibilité de fréquenter le Festspielhaus, il donna naissance à la Fondation des Bourses qui existe toujours aujourd'hui. D'autres représentations de Parsifal furent assurées l'année suivante.

Dans Parsifal, de nombreuses pensées philosophiques convergent, et la symbolique est plus complexe que dans les autres opéras de Wagner bien que l'action extérieure semble s'organiser de manière plus simple. Wagner combine la légende du Saint Graal aux réflexions sur le rôle de la souffrance dans la vie humaine, quoique le thème central soit à nouveau la rédemption. Toutefois, ici, la délivrance ne se produit pas par l'action d'une femme aimante mais par celle d'un héros passif devenu conscient par sa pitié. Comme il est très fréquent chez Wagner, deux domaines thématiques complets se confrontent, dans Parsifal aussi, en face l'un de l'autre : il s'agit ici du monde du Graal et le royaume mystérieux de Klingsor. A nouveau, Wagner réussit à caractériser clairement les deux sphères par une musique fondamentalement différente. Les thèmes du Graal reposent sur des triples accords et se construisent, procurant une impression sacrée et statique, en une pure tonalité diatonique, alors que le monde de Klingsor chatoie en une tonalité chromatique fluide. Après la grande richesse de leitmotive que le Ring déploie (il en existe près de 120), la musique de Parsifal se limite au strict minimum, et Wagner se révèle une fois de plus être le maître de la variation et du développement.

En septembre 1882, Wagner et sa famille voyagèrent à Venise où ils se cantonnèrent au Palazzo Vendramin au bord du Canal Grande. Le 13 février 1883, alors qu'il travaillait à son bureau, Wagner subit une crise cardiaque mortelle. Sa dépouille fut transférée à Bayreuth et inhumée le 18 février dans le jardin de la villa Wahnfried.

Richard Wagner (fecha de nacimiento 22 de mayo de 1813 en Leipzig; fecha de fallecimiento 13 de febrero de 1883 en Venecia)

Wagner define el final del siglo XIX como Beethoven su principio. Todo aquél que quisiera componer tenía que enfrentarse en algún momento con su obra, siendo medido por su interpretación. La composición en sí supone continuar el camino iniciado por él u optar por un estilo totalmente opuesto. Interpretando a Wagner se dividen aún hoy los espíritus. Nadie ha levantado tanta admiración, casi una pasión ilimitada o por contra un desprecio tan radical como él. Hubo admiradores que se convirtieron en sus más radicales opositores, como por ejemplo Friedrich Nietzsche y Claude Debussy.

Su biografía se lee como una novela. Su vida estuvo llena de cambios bruscos, desde alguna persecución policial hasta un exquisito trato con muchas cabezas coronadas, viviendo siempre a tope y casi siempre por encima de sus posibilidades (Thomas Mann lo calificó como un "vividor"), tuvo muchos aventuras y trabajó muchísimo en libretos, escritos teóricos y piezas musicales. Prácticamente nada en su vida se desarrolló de forma recta, pero la realización de sus ideas artísticas la ejecutó con una tenacidad y constancia digna de admiración, logrando muchos éxitos. El saboteó y revolucionó el mundo musical de su tiempo con sus obras, componiendo piezas teatrales que prácticamente no se podían llevar a los escenarios, a causa de la complejidad orquestal que requerían las composiciones wagnerianas y el esfuerzo técnico de sus escenificaciones, por lo que la construcción de su propio teatro parecía lo más coherente.

La obra wagneriana, además de a la música de su tiempo y a la futura, influyó y manipuló a cientos de jóvenes, docentes y asociaciones patrióticas, a nivel filosófico, político y ético, por lo que Wagner es el compositor por antonomasia del siglo XIX. Como es lógico las relaciones entre Bayreuth y el Tercer Reich no pueden imputarse a este compositor (en realidad fue su nuera Winifred, la que flirteó con el poder hasta recibir los favores y el reconocimiento del régimen nazi); aun así cuando el río suena, agua lleva. Las declaraciones antisemitas que Wagner hiciera en su momento, como prefieran justificarse, fueron como gotas de agua en un molino arrollador impulsado por el odio reinante contra los hebreos. Estas afirmaciones se hallaban simplemente contenidas en el material extraído

de la mitología del Norte de Europa y de Alemania (incluso el resurgimiento de la rima por aliteración), encajando perfectamente en el florecimiento de todo lo germano y en la amplia tetralogía del Anillo de los Nibelungos, como expresión de una postura reaccionaria, en pro del exterminio, que se correspondió de hecho con la ideología nacional-socialista.

El hecho irrefutable es que la importancia musical de Wagner fue y es inmensa. Con las obras que compuso aproximadamente en el centro de su carrera (El holandés errante, Tannhäuser y Lohengrin), este compositor puso fin a la tradición de la Ópera Romántica, incluidas todas sus piezas teatrales posteriores, que a él le gustaba que se entendieran como "dramas musicales" (Tristán e Isolda, Los maestros cantores de Nuremberg, y el ciclo del Anillo y Parsifal), introduciendo una concepción completamente nueva en la dramatización musical. Es más, a partir de Tristán su música irá adquiriendo gradualmente una utilización consecuente del hilo conductor, con un nivel novedoso de prosa hasta entonces desconocido. Al mismo tiempo la armonía wagneriana se distancia del sistema tonal mayor-menor, que hasta entonces parecía obligado, optando por una riqueza cromática saturada y un tratamiento innovador de los compases, lo que supone que Wagner con sus composiciones sentó las bases para introducir los impulsos necesarios para el giro decisivo que la música viviría al comenzar el siglo XX. Richard Wagner nació en el año 1813, el mismo año que su antípoda posterior Giuseppe Verdi, en la ciudad de Leipzig y en el seno de una familia de nueve hijos siendo su padre Friedrich Wagner secretario de la Policía y su madre Johanna (Rosine), apellido de soltera Pätz, hija de panadero. A pesar de su refinado gusto artístico, la madre siempre advirtió a los hijos que era mejor que se dedicasen a la carrera teatral, diciéndoles que era algo "profano". Sin embargo cuatro de los hermanos mayores desoyeron totalmente la recomendación materna y se sumergieron en una provechosa carrera teatral y musical. El padre, de carrera jurista, tampoco estaba muy alejado de las artes, sobre todo de la literatura. Murió seis meses después de nacer Richard, a consecuencia del tifus que tras la batalla de Leipzig se extendió por toda la ciudad. En agosto de 1814 la viuda se casó con el pintor, actor y poeta Ludwig Geyer, amigo íntimo de su fallecido esposo, con lo que se mantuvo la atmósfera artística que había reinado siempre en la casa. Friedrich Nietzsche citó en 1888 en su obra "El caso Wagner", que en realidad Geyer fue el padre biológico de Wagner, cosa que nunca se ha

podido demostrar. A Wagner personalmente, esta idea no le parecía disgustar del todo, ya que eligió para su autobiografía titulada "Mi vida" incluso un buitre para su escudo heráldico, desechando la idea posteriormente. Una vez contraído el matrimonio, la familia se mudó a Dresde, donde trabajaba Geyer. Uno de los recuerdos infantiles más nítidos de Wagner fue la visita que realizaron a Carl Maria von Weber. En relación a esta este visita en 1873 diría: "Sí, reconozco que sin esa influencia weberiana nunca me hubiera convertido en músico." Sobre su madre diría más tarde: "El trato preocupado y nervioso que dispensaba a esta nuestra familia tan numerosa, nunca dejó que en ella aflorase esa ternura maternal tan importante; apenas puedo recordar que me haya acariciado alguna vez, en realidad nuestra familia no era de grandes caricias y arrumacos; en ella lo que predominaba era su manera natural brusca, casi vehemente y bastante ruidosa." Surge aquí una pregunta muy interesante ¿pudiera ser que este momento biográfico refleje una relación insuficientemente profunda e insatisfactoria con la figura materna, lo que se refleja a su vez en las figuras wagnerianas sobre el escenario? "Senta, Elisabeth, Siglinda, Brunilda, Isolda y Kundry, son todas ellas variaciones del tipo de mujer, que se entrega incondicionalmente a sus pareja masculina. Por contra también llama la atención que muchas figuras masculinas de sus obras luchan con el cordón umbilical que les une a sus respectivas madres. Este es el caso de Sigfrido y Parsifal, subliminalmente oculto en las figuras del holandés, Tannhäuser, Lohengrin, Sigmundo o Tristán, todos ellos parecen equivocar el amor maternal con el amor conyugal, o inmiscuirse en una relación conyugal establecida". Esta es al menos la opinión que le merece a Martin Geck este particular en su Monografía sobre Wagner.

Geyer fallece en 1821 y será la hermana preferida de Wagner, Rosalie, una consagrada actriz de éxito (interpretó, entre otros, el papel de Gretchen en el estreno de "Fausto" de Goethe en la ciudad de Leipzig), la que mantendrá a la familia. En 1828 la madre regresa con sus hijos a Leipzig y Richard, que cursó estudios en el Kreuzschule de Dresde, entra en el Instituto Nikolaigymnasium. Su interés obsesivo por el teatro, por Shakespeare, Goethe y Schiller y la música, sobre todo Mozart, Beethoven y Weber en general, le llevaron a descuidar sus estudios escolares. Por aquél entonces Wagner ya componía él mismo piezas teatrales (por ejemplo, la tragedia Leubald, la compuso con quince años, inspirado en el patético y humorístico lenguaje shakesperiano, de enorme fuerza, obra en la que hace

que más de una docena de personas pierdan la vida). Cuando descubrió las sinfonías de Beethoven, jugó con la idea de convertirse en compositor. Tras estudiar de forma autodidacta, participó de forma itinerante en clases de armonía con el director de música Christian Gottlieb Müller. Dos sucesos posteriores marcarían para siempre su carrera. En el año 1829 vio a la célebre cantante Wilhelmine Schröder-Devrient en el papel protagonista de Fidelio de Beethoven. Al año siguiente tuvo la ocasión de estudiar la partitura de la Novena Sinfonía de Beethoven. Elaboró un pieza a piano sobre esta composición y se la ofreció a la Editora Schott, quien la rechazó. A partir de junio de 1830 Wagner tomó clases en la Escuela de Santo Tomás y al año siguiente ingresó en la Universidad de Leipzig, recibiendo clases de composición del cantor de Santo Tomas Christian Theodor Weinlig. Aún se conservan algunas reliquias de aquella época, en forma de piezas para piano y overturas para orquesta así como overturas para orquesta, incluida la sinfonía en Do mayor. La formación académica sin embargo, quedaría por detrás de la musical: "Universidad. Chapucera. – Tocar Faro. Vida licenciosa, terrible en verano."

Tras graduarse en la Universidad, estamos en la época del "Vormärz" (de 1815 hasta el levantamiento de marzo de 1848), Wagner ingresó en las filas de "Junges Deutschland", ya que él se sentía un artista políticamente comprometido. Esta Asociación de jóvenes talentos exigía únicamente libertad política en el ámbito artístico y cultural, despertando las iras no obstante de las jerarquías del momento. Cuando uno de los activistas, Heinrich Laube, le presentó un libreto de ópera para que él le pusiera música, Wagner, a partir de ese momento se prometió ser el que compondría los textos de sus óperas futuras (Ya en 1832 lo había hecho así con su ópera prima, La boda, destruyendo no obstante la composición pasado algún tiempo). Así lo hizo también con su obra Las hadas, que compuso en Würzburg, donde uno de sus hermanos le ofreció un puesto de director de coro.

Con motivo de su visita en junio de 1834 a Teplitz, compuso bocetos para una tercera ópera, La prohibición de amar inspirada en la comedia de Shakespeare "Measure for Measure". Durante el verano del mismo año, Wagner fue nombrado director de orquesta del grupo teatral itinerante Bethmann. Aquí conoció a la actriz Minna Planer, muy célebre en el Norte de Alemania, enamorándose de ella. Al

principio ella no le correspondió, ya que sólo se trataba de un simple director de orquesta, de un muerto de hambre, que además tenía tendencia a endeudarse, lo que a ella no le ofrecía ninguna garantía de seguridad. Ella en el fondo deseaba una relación estable, que era lo que le convenía, teniendo en cuenta que con tan sólo 16 años sucumbió a la seducción de un cabo del ejército, dando a luz una niña, Natalie, que fue presentada ante el mundo entero como hija de sus propios padres.

El director del grupo teatral Bethmann amenazaba con arruinarse. Para Wagner esto suponía el fin para sus planes como dirigente operístico, y Minna se vio obligada a buscar trabajo fuera. De Magdeburg partió primero a Berlín, donde la oferta que le pusieron sobre la mesa le pareció poco atractiva. Finalmente se decidió por Königsberg. Loco de nostalgia y pasión Wagner, le escribe implorando y suplicando fervorosas cartas

de amor, hasta que en julio de 1836 decide ir a buscarla. La pareja se casa en la Iglesia de las afueras de un pueblecito a Tragheim. Sin embargo, este matrimonio no comenzaría con buena estrella, en parte porque las deudas financieras parecían que nunca fueran a tener un fin y por otra porque Wagner sentía unos celos irrefrenables por la profesión de Minna y su entorno; en "Mi vida" él habla de escenitas de una acritud manifiestamente molesta y dañina [...] en forma y contenido, por lo que no es de extrañar que a los pocos meses Minna regresase huyendo a la casa paterna en Dresde, echándose directamente a los brazos de su admirador de nombre Dietrich.

En julio de 1837 logra un encargo como director de orquesta en la ciudad de Riga, y le propone a una hermana menor de Minna un papel como prima donna, dándose así la oportunidad para Minna de hacer las paces con Wagner; él por su parte "le perdonó" y en octubre ambas hermanas llegaron a Riga. Wagner concluyó las dos primeras escenas de la ópera Rienzi (un libreto propio inspirado en la pieza teatral de Edward Bulwer Lyttons Rienzi, the Last of the Tribunes); él esperaba con ansia estrenar su ópera en Paris y escribió en este sentido varias cartas a los libretistas Eugène Scribe y Giacomo Meyerbeer, el compositor más importante de la Grand Opéra francesa.

La dimensión política de Rienzi tiene una característica novedosa, encaja en el "Vormärz", era del idealismo alemán en la que este tipo de materiales histórico-políticos tenían mucha demanda.

Cuando el intendente del teatro de Riga abandona su puesto, la dirección del teatro tiene auténtica prisa por despedir prematuramente en marzo del año 1839 al díscolo director de orquesta, que no había terminado su trabajo en el plazo que esta dirección deseaba. Wagner se vio obligado a huir, perseguido de cerca por sus acreedores. El destino final, a pesar de la resistencia inicial de Minna, era la capital francesa Paris.

Gracias a la ayuda que le presta un amigo de Königsberg, el Señor y la Señora Wagner cruzan la frontera rusa y se embarcan en la localidad porteña de Pillau, bajo dominio de la Prusia oriental, con destino a Londres. Esta travesía resulta ser mucho más peligrosa de lo que se estimó al inicio. Un temporal hace imposible que el barco avance, por lo que atracan en el puerto de la pequeña isla noruega Boröya. Pasada una semana en tierra, retoman el viaje y se sumergen en una travesía peor que

la anterior. No hay duda que fue durante este viaje donde Wagner gestó la idea tomada de la obra de Las memorias de los Señores von Schnabelewopski (1831), concretamente de la leyenda que se describe en dicha obra sobre El holandés errante, también llamada el buque fantasma. Esta fábula versa sobre un pobre errante, que cumpliendo una maldición vaga errante por los siete mares. Esta maldición únicamente desaparecerá gracias a la fidelidad de una leal mujer que le ame. Tras una breve estancia en Londres, se instalaron en Boulogne-sur-Mer, lugar donde Wagner conoció a Meyerbeer. Este se muestra condescendiente y amable y promete interceder para que Wagner encuentre trabajo en la Ópera parisina. Cuando en septiembre de 1839 la pareja por fin llega a Paris, se encuentran con que el trabajo prometido únicamente es un puesto para realizar adaptaciones a piano de las óperas favoritas del público francés, además de redactar artículos para el periódico Gazette musicale de Schlesinger. A pesar de que el salario ofrecido hubiera alcanzado para llevar una vida modesta, en su caso las deudas no hacían más que crecer y Wagner se vio obligado a cumplir una breve pena en una cárcel para deudores.

El filólogo alemán Samuel Lehrs, que también vivía en Paris, comentó a Wagner las leyendas de Tannhäuser en el monte Venus, y éste unió mentalmente la saga del Tannhäuser con el Torneo de los maestros cantores del castillo Wartburg. Fundamentalmente sin embargo, lo que Wagner quería era acabar la obra Rienzi (Wagner había albergado muchas esperanzas de que su ópera se representara en Paris, pero no había sido así. En Dresde sí habían mostrado mucho interés en representarla. De hecho en octubre de 1840 tuvo lugar aquí su estreno mundial). Además quería terminar la composición del Holandés, y escribió el libreto en sólo diez días y la composición en tan sólo seis semanas, con lo que estuvo lista para el verano de 1841. Tras el triunfal éxito de Rienzi, en Dresde ya le habían prometido representar el Holandés (Wagner sin embargo había apostado por Berlín, por cuestiones de prestigio, pero cuando en el año 1844 se estrenó realmente, Wagner hubo que enfrentarse con amargos y despiadados críticos). La pieza obtuvo mucha resonancia, pero Wagner tuvo la sensación de haber defraudado al público con una obra tan indecorosa, precaria y triste, como irónicamente diría él mismo.

Tras las primeras óperas de Wagner, que eclécticamente conjugan otras influencias, al margen de la Ópera romántica, la Ópera bufa italiana, la Opéra comique y la Grand Opéra, el Holandés errante es la primera de tres piezas, con la que Wagner clausura y supera la tradición de la ópera romántica. Ya no imperan los diálogos genéricos y se refuerza la tendencia a la composición continua, la clásica "Durchkomposition" y las óperas compuestas por varios números de carácter recitativo (por ejemplo "escena, dueto y coro" en el primer acto, con una extraordinaria complejidad, que dura la mitad del acto. Así el dueto que el Holandés entona con su amante Senta en el segundo acto, supone con sus 422 acordes una pieza mucho mayor a cualquier pieza de Grand Opéra). La diferenciación entre bueno y malo, como se conocería de la ópera romántica, Wagner la ignora frontalmente, y tampoco se centraría ya en la esfera del mundo "real", de manera visionaria y fantástica, sino que preferirá fusionar ambos conceptos. Wagner se percibe a sí mismo como un genio y outsider, identificándose además con la figura del Holandés errante, tal y como se conoce de una carta que dirigió a Franz Liszt, figura esta que aúna la nostalgia de la muerte con el delirio de la destrucción: desde la irredención de su propio ser, el holandés errante sueña en el primer acto con destruir el mundo entero.

La oferta de ocupar en Dresde el puesto de Director de orquesta, se convierte en realidad, y Wagner toma posesión en febrero de 1843, tras habérselo pensado mucho y gracias a la influencia de la viuda de Carl Maria von Weber, ya que en el fondo para él Dresde era una ciudad irrelevante. Minna también sufre las consecuencias del cambio. En una ocasión diría: "Todo me repugna. Para mi estar en Paris era como estar en el cielo, me saltan las lagrimas cuando lo recuerdo". A pesar de todas las carencias, su vida social parisina había sido variada y estimulante.

En abril de 1845 pudo terminar la partitura de Tannhäuser. El estreno mundial tendría lugar en octubre. No obstante el éxito no fue el de Rienzi, lo que confirmó sus temores, de que sus intenciones artísticas no eran suficientemente comprendidas. En Paris se produjo incluso un escándalo, al representar una variación de la obra.

Su ópera Tannhäuser expone como parte central la contraposición entre el amor sensual y el amor sacrificado, personificando en las figuras de Venus y Elisabeth respectivamente; Tannhäuser se

debate entre el sentimiento de amor más bajo y el más elevado. De esta manera la composición de Wagner pone de relieve la antítesis que supone la satisfacción corporal y la renuncia ascética, poniendo toda su fuerza en la orquesta, en las amplias tonalidades y la plenitud de los motivos musicales reiterados, que van comentado la acción y confiriendo al apartado de la orquesta su propia importancia. Para el posterior desarrollo de Wagner, resultan importantes los recitados tan poco apreciados por el gran público: "Mi declamación es al mismo tiempo música y mi música al mismo tiempo declamación, [...] con un compás fuerte y un tiempo de acuerdo con el carácter del lenguaje." El mejor ejemplo para este estilo prácticamente recitativo, es el extenso solo del tercer acto de la ópera Tannhäuser, cuando cuenta la peregrinación a Roma.

La sensación de aislamiento artístico caracteriza la obra Lohengrin finalizada en 1848 y estrenada en 1850 bajo la dirección de Franz Liszt en Weimar. Aún en sus últimos años de vida, continua considerando que ésta es su obra más triste, de acuerdo con lo que refleja el diario de Cosima el día 6 de enero de 1883, dejándole inmersos en permanentes sentimientos de culpa, ya que Wagner cree haber fracasado. Él se identifica con Lohengrin, y lo considera un ser superior, como la esencia del artista más absoluto. El hecho de que al final Lohengrin muera batido, Wagner lo considera comparable a su propia tragedia: en primer lugar, fracasa el intento de ser aceptado y comprendido sin reservas únicamente por el sentimiento; en segundo lugar Wagner se reconcilia de nuevo en la huída de Lohengrin con la sociedad, ya que cree que debe cambiar.

Wagner cada vez se identifica más con las revueltas de aquella época en Alemania, que reclamaban una patria alemana unida tras la revolución parisina de febrero. A pesar de que sus ideas revolucionarias eran siempre de segunda mano, Wagner se convenció de que sus ideales artísticos no podrían ser realizados sin una revolución social previa. No participó activamente en las barricadas del levantamiento de Dresde de 1849, pero fue buscado por medio de una orden de arresto y sólo pudo ponerse a salvo por medio de la huida (de quedarse en Dresde y ser llevado a juicio, posiblemente le hubiera supuesto una condena de muerte). Gracias a la ayuda de su amigo Franz Liszt, Wagner pudo establecerse en Suiza, concretamente en Zurich en el año 1849. A pesar de sus reservas iniciales

Minna le siguió transcurrido algún tiempo. Wagner viajó brevemente a Paris para negociar con la Opéra una obra suya, de lo que Liszt le había convencido. En Paris se enamoró fervorosamente de una joven admiradora, Jessie Laussot, pero finalmente desistió de la idea de huir juntos a Oriente. Wagner regresó a Zurich y volvería a ser Liszt quien le convenciera de terminar la obra que le rondaba la cabeza desde la época de Dresde: una ópera titulada La muerte de Sigfrido. En agosto de 1850 Wagner preparó el borrador de los dos primeros actos, sin mucho convencimiento de todas formas, ya que se temía que no fuera a encontrar ningún teatro adecuado para representarlo. En septiembre del mismo año comenzó a barajar por primera vez la idea de disponer de un Teatro propio en Zurich.

En los años alrededor de 1850 Wagner reconsideró totalmente los hilos conductores que le inspiraban sus composiciones operísticas y redactó una serie de escritos sobre teoría artística, en los que anuncia claramente un cambio de tendencia: el Arte y la revolución, la obra de arte del futuro, y su análisis teórico más importante Ópera y drama (finalizado en enero de 1851), un estudio sobre los nuevos maridajes del drama musical. En su opinión, en el arte operístico del pasado, el drama únicamente era el medio para desplegar la música, habiendo llegado ya el momento de que la música sirviera al nuevo drama. Esta idea fundamental de Wagner indica, por un lado, la tendencia socio-revolucionaria, dado que la obra de arte futura supera a la sociedad actual que no es libre. Por otra parte, él tiene una clara ideología nacionalista, comparando las óperas francesas e italianas con la ópera alemana. En opinión de Wagner la base del drama musical es el mito, del que dice que siempre es verdadero y su contenido siempre inagotable para todos los tiempos, incluso en caso de máximo laconismo. La única responsabilidad del poeta es resaltarlo. Reinventar el mito para la modernidad y representarlo de forma comprensible es, en su opinión, responsabilidad del compositor, ya que únicamente a través de la música el mito puede transmitirse a los sentimientos, incluso a la percepción sensitiva. Además, Wagner describe aquí algunas técnicas de composición que aplicaría después a sus dramas musicales, explicando la función de texto con rima final y aliteración, canto y melodía orquestal y cita, en este sentido la relación entre los motivos de la noción y el recuerdo.

Hasta diciembre de 1852 Wagner escribiría el libreto correspondiente a El joven Sigfrido, Las walky-

cuando mueren Tristán e Isolda: la desdicha de las dos figuras principales se quiere entender como una pretendida no realización, no percepción de uno mismo y desaparición de la consciencia de ambos. Wagner escribió en cierta ocasión a Mathilde Wesendonck: "Lo que ocurre es que en cuanto veo tus ojos, me quedo mudo. De todas formas lo que fuera capaz de decir carecería totalmente de importancia. Compréndelo, cuando te veo estoy tan seguro de mi existencia, cuando veo que tus maravillosos y sagrados ojos se percatan de mi presencia, puedo replegarme a mi interior. A partir de ese momento ya no existe objeto y sujeto; todo es uno y todo se vuelve profunda, sentida e inmensa armonía." Es Isolda, la que al final de esa pieza hará público el mensaje: En el "Liebestod" ella desea sucumbir, sumergirse en el universo que circunda la respiración del mundo, con el máximo placer. (El "máximo placer" se puede entender casi literalmente: Si hay una música erótica, entonces es ésta.) Wagner lo anuncia en Opera y drama, es decir aprovechar la capacidad de expresión de la orquesta para explicar lo inexplicable, se realiza por completo en Tristán: son los motivos musicales que emergen continuamente, se desarrollan, se unen, se separan, se funden entre sí, para volver a crecer, descender, impugnar y abrazarse estrechamente. Wagner logra, que estos motivos expresen la voluntad de armonizarlo todo, tal y como lo requiere el tratamiento orquestal tan independiente, debatiéndose al mismo tiempo los sentimientos emergentes entre la necesidad extrema de gozo y una nostalgia agónica, combinación de sentimientos que no había sido lograda jamás hasta entonces en una pieza sinfónica. Realmente el tratamiento externo del drama está muy simplificado y tiene lugar en el fuero interno, transmitiéndose prácticamente sólo por parte de la música, dado que incluso las palabras se disuelven en parte, reproduciéndose su carácter en una lengua comprensible.

Cuando Minna interceptó una carta de Wagner dirigida a Mathilde, se produce la hecatombe. Minna regresa a Dresde, Wagner se marcha a Venecia y, dado que la policía sajona le está persiguiendo y no le permite una estancia ilimitada, regresa en marzo de 1859 a Suiza, con el segundo acto de Tristán en la maleta. Una amnistía parcial permite a Wagner intentar poner el pie en Viena. A pesar de haber alquilado en la capital austriaca una habitación, se alojó en muchos otros lugares: en Venecia, donde se devanaba los sesos pensando cómo llevar a cabo su antiguo proyecto sobre El torneo de cantores de Nuremberg, después vendrían Paris, Praga, Budapest, Karlsruhe, San Petersburgo y Moscú. En

todas estas ciudades consiguió alcanzar el éxito artístico, sin que su situación económica mejorase. En mayo de 1864, durante una estancia en Stuttgart, recibe la noticia de que Luis II de 18 años y recientemente coronado rey de Baviera, tiene interés en recibirle en Munich, y Wagner lógicamente acepta la invitación. Gracias a esta decisión su vida cambiará para siempre.

Luis II, rey de Baviera, no sólo estaba completamente entusiasmado con las ideas y la música de Wagner, sino que le idolatraba. Según confesara él mismo a Cosima von Bülow pasados algunos años, su vida comenzó "el mismo día en que escuché por primera vez Lohengrin". Wagner le confiaría a su íntima amiga Mathilde Maier el desarrollo del primer encuentro: "Ante tí la imagen de un joven atractivo, a quien el destino convertirá en mi salvador. Es precisamente él quien siempre pensamos que tenía que existir [...] Nuestro encuentro de ayer fue una intensa e inconclusa escena de amor. Él comprende hasta el resquicio más profundo de mi persona y de mis necesidades. Me ofrece todo lo que necesite, tanto para vivir, como para crear y poder representar mis creaciones. Sólo me pide a cambio poder disfrutar de mi amistad, ser su amigo: sin afectación ni disimulos."

Realmente fue de cuento de hadas. El rey le propuso 30.000 florines por terminar El Anillo, compensar todas sus deudas y asignarle anualmente una cantidad fija de 8.000 florines, más todos los emolumentos extras correspondientes. Durante aquellos ocho años que Wagner contó con el mecenazgo del rey Luis II de Baviera, vieron la luz el estreno de Tristán, la composición y estreno de Los maestros cantores, la terminación de El Anillo y la concepción del Parsifal. Wagner se iba convirtiendo en una firme figura dentro del panorama musical. Incluso después de que a nivel personal entre el rey y Wagner se produjera la ruptura, el rey nunca le retiró su apoyo financiero. Sin él Wagner jamás hubiera vivido la época de Bayreuth ni disfrutado de las representaciones ahí celebradas de El Anillo y Parsifal. (En calidad de compensación, con el tiempo recibió de Wagner entre otros los autógrafos originales de Las hadas, La prohibición de amar, Rienzi, El Torneo de los maestros cantores de Nuremberg, El oro del Rhin además de Las walkyrias y los bocetos para las overturas de partes de Sigfrido y El ocaso de los dioses. Todos estos documentos fueron cedidos en el año 1939 por parte del Fondo de compensación de Wittelsbach a la Cámara Económica del III. Reich, para que fuera rega-

lado a Adolf Hitler en su 50° cumpleaños. Este material tan valioso para la investigación se perdió definitivamente al finalizar la Segunda Guerra Mundial.)

Además del generoso mecenazgo brindado por Luis II, hubo otra causa que, en el año 1864, proporcionaría un nuevo golpe de suerte en la vida de Wagner. A comienzos del verano llegó Cosima von Bülow con sus hijos al nuevo domicilio de Wagner, cerca de Starnberg, convirtiéndose la relación entre ambos en algo más que un simple affaire. Las hijas de Cosima, Isolda y Eva, que nacieron en abril de 1865 y febrero de 1867, ya no eran fruto de la relación con su marido Hans von Bülow. Éste dirigió durante los años 1865 y 1868 los estrenos de Tristán y El torneo de los maestros cantores. Lógicamente él sospechaba como mínimo desde febrero de 1865, pero prefirió guardar silencio en principio.

La cooperación que ofrecería el gabinete del rey Luis, sin embargo, no sería tan leal. Inicialmente sus integrantes acogieron bien a Wagner, pero pronto tuvieron que reconocer que él no se dejaba manipular fácilmente así como así para lograr determinados objetivos políticos. La intención era utilizar a Wagner como un instrumento de mediación, por lo que ante la negativa de éste, optaron por desacreditar a su persona. Sus amoríos con Cosima fueron la perfecta excusa, al igual que los gastos que causaba en la Caja Municipal de Baviera (y que seguiría causando en el futuro, cuando se convertiría por fin en realidad la idea de construir el teatro concebido para Wagner en Munich). Wagner, por su parte, conspiraba contra algún miembro de la Cámara con la intención de intervenir en política. El rey, por la suya, se debatía entre la adoración que sentía por el compositor y las razones de estado, a las que se debía. Finalmente se decidió por cumplir con su cometido y pidió a Wagner consiguientemente que abandonase por algún tiempo Baviera. De nuevo Wagner eligió Suiza como destino temporal. Durante una estancia en Francia del Sud en enero del año 1866 recibe la noticia del fallecimiento de Minna en Dresde.

En ese mismo año Wagner alquila una villa en Tribschen, a orillas del lago de Lucerna. Aquí concluiría, en octubre de 1867, El torneo de los cantores, que se estrenó en junio de 1868. Entusiasmado de su música, Friedrich Nietzsche, (joven profesor de Filosofía, que desde 1869 visitaba regularmente a

Wagner en Tribschen) describiría así la plasticidad y profundidad de la pieza: "¡Qué mezcla de jugos y fuerzas, de temporadas estacionales y titanes! Todo ello se nos antoja de pronto anticuado, ajeno, agrio o imberbe, o caprichosamente convencional y pomposo, y no pocas veces incluso malicioso, a menudo basto y recio. Su obra desborda pasión y valentía y, al mismo tiempo, peladuras fláccidas de frutas, que se han dejado madurar demasiado. Eso lo recorre todo y, de pronto, hay un momento de duda inexplicable, que se siente como un hueco vacío, que se levanta entre causa y efecto, una presión de ensueño que nos hace soñar y rozando la pesadilla, para pasar rápidamente a reintegrarnos en el conocido caudal de nuestro amplio bienestar, de la felicidad pasada y presente, incluyendo siempre la felicidad del artista consigo mismo, que no quiere disimular, consabidor feliz y asombrado de los logros alcanzados con semejantes medios, de materiales artísticos nuevos y nunca antes experimentados en una obra de arte." La tragedia de Tristán se convierte aquí en una afirmación vital, la pasión concentrada gracias a la variedad y a la riqueza cromática.

Die Walküre: Lilli und Marie Lehmann als Helmwiege und Ortlinde, Bayreuth 1876

En noviembre de 1868 Cosima se muda con sus hijas Isolda y Eva a la casa de Wagner, la villa de Tribschen. En junio del año 1869 nacerá el hijo común de ambos, Sigfrido. Inspirado Wagner compuso para Cosima el Idilio de Sigfrido. Aún pasaría un año hasta que Hans von Bülow presentaría la demanda de divorcio. En agosto de 1870 Cosima se casó con Wagner, casi 24 años mayor que ella. Ella sería al mismo tiempo su musa y su esposa. Él era consciente de que la necesitaba a ella y su amor sacrificado. Ella necesitaba precisamente eso, saberse necesitada. Mujer inteligente, sensible e independiente que le proporcionaba justamente la estabilidad de la que él carecía. El matrimonio

entre Wagner y Cosima fue curiosamente lo que causó la ruptura con Luis II de Baviera, después de haber estado un tiempo evitando la evidencia, finalmente aceptó que no era él la persona más unida a Wagner. Siguió interesado en la obra de Wagner, pero la amistad se había acabado. Teniendo en cuenta esta tesitura, apenas sorprende el hecho de que el rey encargase estrenos sin la autorización previa del compositor. Wagner tuvo que ver cómo se estrenaron en contra de su voluntad sus obras El oro del Rhin en el otoño de 1869 y Las walkyrias en junio de 1870.

El Anillo se aproxima a su fin y Wagner está cada vez más incómodo en Tribschen, temiendo que el rey estrene otras de sus piezas sin su consentimiento. Sigue soñando con el estreno conjunto de la tetralogía en su propio teatro, y buscando en la enciclopedia un lugar adecuado para esa representación, se topa con Bayreuth. En abril de 1871 lo visita para ver el teatro del Margrave con sus propios ojos. A primera vista le pareció insuficiente para sus necesidades, y decidió que debía construirse un nuevo teatro. En la primavera de 1872 comenzaron los preparativos: traslado a Bayreuth, creación de un Consejo de administración, colocación de la primera piedra. La venta de los boletos de la patronal no iba tan bien como Wagner había esperado. Los 100.000 táleros que el rey Luis le había adelantado en el año 1874, estaban pensados para equipar el interior, por lo que Wagner tuvo que buscar dinero para financiar la construcción en sí, es decir ir de gira concertística. Ya en 1872 había encontrado en las mejores casas de óperas a los cantantes líricos. En el año 1874, todos los protagonistas de los papeles principales se desplazaron a Bayreuth para realizar las primeras pruebas. El mismo año el matrimonio Wagner construyó su nueva casa de nombre Wahnfried: Aquí, donde todos mis delirios (Wähnen) hallarán la paz (Frieden), - Con el nombre de Wahnfried bauticé esta casa, tal y como reza a la entrada de este precioso inmueble, financiado por Luis II y cuyo mantenimiento ha supuesto sumas desorbitadas, de forma que, a pesar de que la vida de los Wagner discurría algo más tranquilamente, las preocupaciones financieras estaban lejos de desparecer, lo que a Wagner le hizo sufrir diferentes dolencias físicas y la tortura de alguna que otra pesadilla.

En 1875 pudieron comenzar en su Festspielhaus los primeros ensayos con una orquesta de 140 integrantes, y ya en el verano de 1876 la cosa se ponía seria. Tras tres ensayos de prueba del ciclo com-

pleto, tuvo lugar la representación final a comienzos de agosto, con la presencia del rey Luis, reencontrándose tras ocho años personalmente con Wagner, y entre el 13 y el 30 de agosto se representó la totalidad de la obra El Anillo, en tres ocasiones diferentes.

La continuidad entre música y acción, la unidad de texto y música, la visión de la obra artística completa, se basa en dos pilares: la escenificación y la representación. En este sentido, El Anillo no sólo cumple los objetivos previstos, sino que Wagner logra superarse incluso en Bayreuth. El Teatro de los Festivales de Bayreuth supuso la coronación de la idea wagneriana de la unidad, elevando el arte a lo más alto. Aunque El Anillo contiene toda una serie de contradicciones, de rupturas lógicas y preguntas que quedan abiertas, la tetralogía en su conjunto resulta uniforme y permite generosas interpretaciones: desde Bakunins como demostración de destrucción total, la personificación de la tesis de Proudhon, según la que la propiedad es equivalente al robo, o la filosofía de Schopenhauer sobre la renuncia, o también como crítica social-política sobre el capitalismo o la sociedad industrial, tal y como lo interpretó George Bernard Shaw. Todas estas son posibles interpretaciones, pero ¿alguien se atreverá a afirmar que ha sabido desentrañar todos los secretos que esconde El Anillo? Esta obra supone un mito, mezcla de parábola, cuento y saga, y ofrece una profunda visión de la naturaleza humana, a través de un caleidoscopio de posibilidades con las que cuenta el ser humano, gracias a la capacidad de pensar, sentir y actuar. “Todo esto no tiene lugar únicamente uniendo texto y acción, sino sobre todo gracias a la música. La música nos transmite mejor el sentimiento que las palabras, la esencia de la obra: el sentido del universo. La capacidad de la música de reconciliarse con el momento presente, contribuye además a que no nos tengamos que quedar anonadados contemplando el triste final de El Anillo, sino que permite disfrutar de momentos muy felices: lo intangible de la doncella de las hijas del Rhin, el esplendor de Walhall, el paraíso de los guerreros valientes, el cariño existente entre Siegmundo y Sieglinda, el sufrimiento de Wotan, la compasión de Brunilda, el niño que esconde dentro Siegfrido y cientos de cosas más. Quien se aventure con El Anillo reconocerá en él sus propias e infinitas posibilidades de felicidad, nostalgia, coacción e irredención.” (Martin Geck)

El equipo de Wagner daba mucha importancia a la producción, sin que podamos averiguar ya si fue

debido a motivos puramente artísticos o simplemente por el reto que suponía. De cualquier manera, financieramente una producción de esta envergadura resultaba imposible de sostener (el déficit rondó 150.000 marcos). Wagner esperaba poder reestrenarlo al año siguiente en una versión perfeccionada, pero no fue posible precisamente por motivos financieros. Entretanto Wagner se planteaba muy seriamente vender la Villa Wahnfried y el teatro Festspielhaus, para emigrar a continuación a los EEUU. Sin embargo volvería a ser Luis II el que le sacó de dudas. En la primavera de 1878 autorizó un crédito que Wagner debía pagar posteriormente con los beneficios obtenidos en las representaciones de sus obras en teatros bávaros.

Entretanto Wagner había iniciado la obra Parsifal. El libreto finalizado estaría listo en abril de 1877. Sin embargo la composición de la música se retrasaría hasta comienzos de 1882, ya que terminó dicha ópera en Palermo, durante un viaje por tierras italianas. En sus últimos años de vida, Wagner viajaría a menudo a Italia, para intentar recuperarse de las fatigas que le causaba su debilitado corazón. Gracias a que pudo convencer al rey Luis II de Baviera de que su Parsifal sólo se podía representar en el teatro Festspielhaus de Bayreuth, éste le facilitó el coro y la orquesta de la Ópera de la Corte de Munich, pudiéndose llevar a cabo sólo en el verano de 1882 dieciséis representaciones del "Bühnenweihspiels", la pieza que inauguró este teatro. La dirección musical corría a cargo de Hermann Levi, un director muy admirado por Wagner. Comoquiera que Wagner mientras tanto había logrado eliminar el sistema patronal, gracias a que había resultado claramente insuficiente, los boletos pasaron a la libre venta, a fin de ofrecer también a las clases menos pudientes la oportunidad de visitar el teatro. Con esta intención creó una fundación de becas, que continua vigente en nuestros días. Así se habían asegurado más representaciones de Parsifal para el año siguiente.

En Parsifal confluyen varios planteamientos filosóficos y la simbología es más compleja que la de las demás óperas de Wagner, aunque la acción exterior tenga un carácter más sencillo. Wagner combina la leyenda del santo grial con las reflexiones sobre el sentido del sufrimiento en la vida humana, volviendo a ocupar la redención el tema central. Sin embargo en este caso, la redención no tiene lugar gracias a una mujer enamorada, sino por medio de un héroe pasivo, a quien la compasión ilu-